当干部就得有方法

晓山——著

党建读物出版社

自序

所谓方法，就是为获得某种东西或达到某种目的而采取的途径、手段和行为方式。方向正确之后，方法便为王。掌握了正确的方法，办事就能事半功倍；反之，不得其法者只会是事倍功半，劳神费心做无用功。庖丁解牛是“顺其理”，对症下药是“精其事”，司马光砸缸是“求其本”，这都是“事必有法，然后可成”。方法是马克思主义的精华。恩格斯曾说:“马克思的整个世界观不是教义，而是方法。”毛泽东同志也曾把完成任务比作是“过河”，把方法比作是“桥”和“船”，如果不解决“桥”或“船”的问题，“过河”就是一句空话。习近平新时代中国特色社会主义思想，是坚持和运用辩证唯物主义和历史唯物主义的光辉典范，蕴含着丰富的马克思主义思想方法和工作方法，既是世界观、历史观，也是认识论、方法论；既讲是什么、怎么看，又讲怎么办、怎么干；既部署“过河”的任务，又指导解决“桥”或“船”的问题，为推进党和国家事业发展提供了锐利思想武器，是各级领导干部改进领导方法和提高工作水平的根本遵循。领导工作千头万绪、纷繁复杂，牵一发而动全身，只有掌握科学方法，才能抓住本质和关键、抓住主要矛盾和矛盾的主要方面，才能提高工作质量和效率、推进事业向前发展，才能在新时代更好地展示新气象、干出新作为。“法无巧拙，善用者益。”结合多年工作实际，我将一些切身体会和领悟，分为思维方法、思想方法和工作方法三个部分进行归纳总结。

得法者事半功倍，不得法者事倍功半。“纸上得来终觉浅，绝知此事要躬行。”实践出真知。领导方法的得心应手，靠的是实践，靠的是总结，靠的是不断提高。

是为序。

目录

领导思维方法十六条

思维方法是人们通过思维活动实现特定思维目的所凭借的途径、手段，也就是思维过程中所运用的工具。思路决定出路，思维水平决定工作水平。领导干部每天都要从事很多日常具体工作，如果不注重勤加思考，就很容易受工作环境、知识结构等因素的影响而形成“思维定势”，遇事总想用已有的办法和经验去解决，墨守成规，习惯于“按套路出牌”，一旦遇到新情况新问题，就立即陷入“盲人瞎马”的境地，一脸茫然，不知所措。习近平总书记多次强调，领导干部要努力学习掌握科学的思维方法，特别是要具有辩证思维、系统思维、战略思维、法治思维、底线思维、精准思维，用这些思维方法观察事物、分析问题，不断增强工作的科学性、预见性、主动性和创造性，以科学的思维方法保证各项改革顺利推进。

一、自觉按辩证法办事

辩证法是思辨和实证相统一的方法，是分析事物、解决矛盾的科学方法，是人们把握客观事物的一种认识工具。我们所说的辩证法是马克思主义唯物辩证法，其基本规律有对立统一规律、质量互变规律、否定之否定规律，其基本范畴有现象和本质、内容和形式、原因和结果、偶然性和必然性、整体和部分、个性和共性、相对和绝对等，它既是科学的世界观，也是科学的方法论。当今时代，现象和本质如此复杂，特殊与普遍又如此微妙，各种思潮竞逐，观点纷纭。领导干部观察形势、总结经验、制定政策、处理问题，都要自觉按辩证法办事，坚持对立统一的观点和方法，对事物作矛盾分析，学会全面地看问题，避免和减少工作中的片面性、盲目性，从而取得良好的工作成效。

坚持一分为二地看问题。坚持矛盾分析方法，防止片面性。一切从实际出发，具体问题具体分析，既尊重客观规律，又掌握各自特点，把矛盾的特殊性分析透彻，根据不同的矛盾，采取不同的解决办法，在“一分为二”的基础上趋利避害、扬长避短、化危为机。既不能“眉毛胡子一把抓”，分不清主次轻重，也不能搞“一刀切”、一个标准、一个模式。

科学把握事物之间的联系。坚持普遍联系的观点，统筹兼顾、协调各方，注重系统性、整体性，注意此事物与彼事物的联系，充分考虑工作中各项举措之间的关联性、耦合性，学会“十个指头弹钢琴”，做到眼前和长远相统筹、全局和局部相配套，在科学把握本地区、本单位与全国的联系、与其他地区的联系中谋划发展，在深刻理解各个行业、各种要素间联系的基础上制定发展战略。

坚持用发展的眼光看问题。世上唯一不变的就是发展变化，新事物必然战胜旧事物。要提高预见能力和分析水平，看清发展趋势和事物发展变化的规律，知形识势，着眼长远，保持解决问题的敏锐性和自觉性，切不可墨守成规、年年“涛声依旧”，更不能等小问题发展到一发不可收拾时才引起重视，那就是“亡羊补牢”了。

二、总体把握心有数，瞻前顾后差错少

古语讲:“曲思于细者，必忘其大；锐精于近者，必略其远。”意思是说对琐碎事情过分注重的人，必然容易淡忘大事；专注于精心计算眼前利益的人，必定会忽略长远的目标利益。领导干部在开展工作的过程中，要学会从大处着眼，善于从整

体思路上把握问题，既要了解过去也要看清未来，做到心中有数、心里有谱。但把握全局并不是说不注重细节，而是要做到大处着眼、小处着手，凡事都应周密细致考虑，搞清楚来龙去脉、前世今生，不打无把握之仗，不做无准备之事，最大限度避免差错。

要登高望远统揽全局。站得高才能看得远。邓小平同志曾说："政治家的眼界要非常开阔。"要提高站位，善于从空间和时间两个维度出发进行总体把握，保持对工作发展的预见性和前瞻性。决不能目光短浅、胸无全局，只盯本地区本部门的发展。

凡事三思而后行。无论大事小情，开展工作思考一定要缜密，方案一定要周全，行动一定要谨慎，眼观六路耳听八方，知道利在哪里、害在何处，而且要看到利中之害、害中之利，不管利害关系多么复杂，都要冷静权衡、趋利避害，综合考虑前后左右上下的实情，这样才能争取主动。当然，瞻前顾后并不是畏首畏尾、"前怕狼后怕虎"，而是一种成熟负责的表现，与快速把握时机并不矛盾，反而有利于把握正确的时机。

三、凡事预则立，不预则废

"预"就是事先做好计划或准备。不论从事什么工作，事先有准备，就有成功的可能性，不然就有失败的必然性，所以凡事预则立，不预则废。我们常说的“不打无准备之仗”也就是这个意思。当干部如果缺乏计划性和预见性，势必会陷入“脚踩西瓜皮，滑到哪里算哪里”的无章可循，或者“头痛医头、脚痛医脚”的事务主义，力没少出，汗没少流，可效果不明显，白白浪费掉大量的人力物力财力，更有甚者问题频发，群众不买账。可以这么说，没有计划，就意味着正在计划失败。机遇永远是给有准备的人。一个成功的领导干部，不是成功于他成功的时候，而是成功于他平时所做的充分准备与积累。

要长计划、短安排。如果不事先有所准备，盲目决策往往很难成功。在做决策前，既要有可行性研究，也要有不可行性研究。虽说“计划赶不上变化”，但有计划总比没计划强。要根据长远计划做好短期安排，制定高低适当、具有可操作性的计划，做到事先有准备，既量力而行又尽力而为，遇事才能胸有成竹，不慌不乱。

要把握机会、及时行动。所有的“预”都是为了实现目标、推动工作，这其中很重要的一条就是要善于把握机会。若不能适时抓住机会，前面所有的“预”就都白费了。要因势而谋、因势而动，做抢抓机遇的强者、创造机遇的智者，坚决不做等待机遇的弱者，即便是面对充满危机的事情，也要冷静应对，善于在“危”中寻“机”，转危为安、转危为机。

要预见未来、持续发展。“预”又有预见之义。没有预见就没有领导。要能够站在事物发展的前沿、长远发展的立场，提前预知可能出现的问题、困难，从细微的信息中抓住带有倾向性的全局发展问题，见微知著，窥斑见豹，“为之于未有，治之于未乱”，防微杜渐，有的放矢，下好先手棋，引导、指挥其向预定方向发展。

四、没有过程，哪有结果

过程是事物发展所经过的程序、阶段，经过了一定的过程，必然会有一定的结果。世间一切事物都必然要经历产生、发展和灭亡，有开始就要经历过程，有过程就会有结果。其过程都是绝对的，没有过程，事物就不曾开始、不曾存在，又何来结果。然而，“只要结果，不管过程”这句话在时下颇为流行，往往是领导对下属提出的硬要求。乍听此话，很容易被其大刀阔斧、抓大放小的工作作风所折服，毕竟领导工作不可能事事亲力亲为甚至当“保姆”。但仔细揣摩就会发现，这是一种唯结果论，是典型的官僚作风和甩手掌柜的做法，往往逼着下属走“捷径”玩花样、弄虚作假犯错误，这样的结果很有可能只是“后果”。

要合理安排部署，科学把握进度节奏。过程管理是现代组织管理最基本的理念之一，最能反映领导干部的能力水平。领导工作要强化过程观念，科学把握过程可控性这一特点，遵从事物发展的规律，不急不躁、循序渐进，合理安排、把握节奏，细化任务分工、明确时间节点，努力预见结果，实现从量变到质变的飞跃，既不能当甩手掌柜，只提要求，只问结果，也不能好高骛远，搞“大跃进”，不考虑实际情况和承受能力。

要注意及时纠错，有效把控结果导向。过程是完成结果的方法步骤，结果是过程前进的导向。过程同结果一样都重要，过程管控好了，结果自然差不到哪里去。因此，注重过程必须注重纠偏，做到既注重纠正偏向，避免大方向上的南辕北辙；又注重纠正偏差，善于发现过程中出现的错误问题，及时修正完善、总结反思，切实提高过程质量，推动工作向理想的目标结果发展。要强化督促检查，做好绩效评估，定期反馈通报，推动各项任务落实到位。

五、不谋全局者不能谋一域

善谋全局，是一种战略思维方法，是高瞻远瞩、统揽全局、善于把握发展整体趋势和方向的能力。“不谋万世者，不足谋一时；不谋全局者，不足谋一域。”领导干部如果目光短浅、思维局限，片面强调本部门、本单位眼前的利益，算小账、不算大账，算眼前账、不算长远账，算局部账、不算整体账，是难以打开工作局面的，即使能见一时成效也不会长远，就是自己眼前的那点利益也可能得不到保障。有鉴于此，领导干部必须眼界宽思路宽胸襟宽，站得高、看得远、抓得准、拎得清，不囿于一时一事，做一个多谋、善谋的人。

要提高站位看问题。站位的高度决定看问题的角度。要跳出自身看自身，放眼世界，放眼未来，也放眼当前，放眼一切方面，提升两三个层次看问题。做到既能立足本地实际情况，也能正确认识国情、理解政策规定，同时还能及时地了解和分析世界各国的发展变化，把工作放到大局中去思考和定位，审时度势、争取主动。

要拓宽思路谋全局。眼界宽才能谋大计、抓根本、顾大局。领导干部任何时候都不能把局部利益置于整体利益之上，任何时候都不能把眼前利益置于长远利益之上，做到凡事都从全局出发，自觉从大局看问题，避免条块分割，真正做到正确认识大局、自觉服从大局、坚决维护大局，一切以大局为重。

要抓住关键促大局。谋全局、谋长远，最终也要落实在谋好局部、谋好眼前上。在对工作全局进行精心谋划的基础上，认真做好本地区、本部门的当下工作，聚焦重要领域和关键环节，牵住“牛鼻子”，找准突破口，形成“一子落下，满盘皆活”的局面。

六、做事不由东，累死也无功

“东”本意指东方，即太阳升起的地方，又引申指主人、东道主。对领导干部来说，毫无疑问，人民群众是我们的“东”，中心大局是我们的“东”，形势规律是我们的“东”。“东”就是旗帜、就是方向，方向不对，努力白费。人民对美好生活的向往就是我们的奋斗目标，就是我们的旗帜方向。

把党和人民的事业放在心中最高位置。把人民高兴不高兴、满意不满意、答应不答应作为检验工作的最高标准，把实现好、发展好、维护好人民群众的根本利益作为做好一切工作的出发点和落脚点，把对党忠诚作为最大的忠诚，始终坚持对党忠诚与对人民忠诚的高度统一、党性与人民性的高度统一，不断提高政治觉悟和政治能力，把对党忠诚、为党分忧、为党尽职、为民造福作为根本政治担当。

正确处理大局与局部的关系。自觉站在党和国家的工作大局上思考问题、谋划工作，使各项工作与中央决策部署紧密衔接、同频共振，始终做到围绕中心、紧跟节奏，而不是自娱自乐、另搞一套，甚至阳奉阴违。要顾全大局，克服本位主义，找准大局与局部的结合点，实现局部与整体的协同发展、共同进步。

坚持对上负责和对下负责相统一。既尊重上级的意见，理解上级的意图，执行上级的决议，实事求是地向上级反映情况，又把群众当成真正的英雄，善于集中群众的智慧和经验，善于教育引导群众，把党的正确主张变成群众的自觉行动，使坚持党的领导和人民群众当家作主有机统一起来。

七、用法治思维提升执政本领

法治思维是一种以法律规范为基准的理性思考方式，它将法律作为认识事物、判断是非、解决问题的准绳。要崇尚法治、尊重法律。用法治思维履职用权，既是推进国家治理体系和治理能力现代化的必然要求，也是新时代增强依法执政本领的题中应有之义。法律是治国之重器，在法治化程度越来越高的当下，领导干部必须强化法治思维，树立法定职责必须为、法无授权不可为的法治理念，把对法治的尊崇、对法律的敬畏转化成思维方式和行为方式，做到在法治之下，而不是在法治之外，更不是在法治之上想问题、作决策、办事情。

树牢法治信仰，维护法律权威。使法治成为一种精神信仰、价值认同、权力表达和执政方法，真诚地信仰法治、尊崇法治、敬畏法治，真正把法治理念、法治精神、法治原则深深植根于内心深处，自觉把法律当作高悬的利剑，自觉用法律法规约束和规范自己的言行，对各种危害法治、破坏法治、践踏法治的行为敢于挺身而出、坚决斗争，主动维护法治权威，以法治权威强化法治信仰，以法治信仰提升法治权威。

破除特权思想，提升法治能力。坚持法律面前人人平等、制度面前没有特权、制度约束没有例外的法治精神，摒弃个人意志至上和人治思维，自觉恪守权力边界，谨记权本法授、权依法使，做到“公器”绝不“私用”，有权绝不任性，养成遇事找法、办事依法、解决问题靠法的行为习惯，自觉按党纪国法办事、按政策制度办事、按规矩程序办事，更多更自觉地用法治眼光审视发展问题、用法治思维谋划发展思路、用法治手段破解发展难题。

立政德重法治，做到良法善治。既讲法治又讲德治，重视发挥道德教化作用，把法律和道德的力量、法治和德治的功能紧密结合起来，握好心中的无形尺度，积极弘扬社会主义道德新风尚，明大德、守公德、严私德；握紧手中的有形戒尺，深入学习贯彻中国特色社会主义法律体系，让政德与法治建设相得益彰，维护社会公序良俗。

八、凡事从最坏处准备，向最好处努力

习近平总书记指出：“凡事从最坏处准备，努力争取最好的结果，做到有备无患、遇事不慌，牢牢把握主动权。”在我们前进的道路上，会遇到各种风险和挑战，因而必须从最坏处准备，做最坏的打算，有备有方，这样出现突发事件时不至于手足无措；但生活又总是充满希望，成功总是属于积极进取、不懈追求的人们，所以要向最好处努力，争取最好的结果。从最坏处准备，向最好处努力，是一种底线思维和高线追求的有机统一，

是“有守”和“有为”的有机统一。领导干部要善于运用“底线思维”，凡事从“最坏”的可能来设想、来准备；又要树立“高线思维”，向“最好”的结果去努力、去争取，即使碰到大风大浪，也能“稳坐钓鱼船”。

追求高线，力求最好。“取法其上，得乎其中；取法其中，得乎其下；取法其下，法不得也！”任何工作如果没有争取一流高线目标的志向，恐怕底线也难保住。要追求一流的业绩，必须培养自我革新的精神，好的要继承和发扬，不好的要认账和改进，革除不合时宜的落后思想观念、工作作风、工作方法，制定一个“跳一跳，够得着”的目标，争取最好的结果。

守住底线，防范风险。强化风险意识，增强忧患意识、危机意识，深入分析世情、国情、党情、民情，预先考虑和谋划发展过程中可能面临的紧急状况和困难形势，多看一步、先出一招，尽可能把问题看得深一些、把困难估计得足一些、把对策想得周全一些，始终做到居安思危、知危图安，审时度势时留心于“青蘋之末”，把脉症状时多察觉“未病”，力争把风险消灭在萌芽状态。

九、精准助推工作落实，精准引领事业发展

精准意指精炼、准确，就是有的放矢，对准重点和要害发力，把工作做深、做细、做到位。精准科学，是习近平总

书记提出的重要思想，是抓好工作落实的重要方法。习近平总书记指出，抓工作既要有雄心壮志，更要有科学态度，关键在“准”“实”两个字。如今社会分工越来越细，寄希望于“一根银针包治百病”已无可能。一些工作中的“老大难”问题之所以长期得不到有效解决，一个重要原因是情况还吃得不透，病根还找得不准。抓工作贵在精准，成败之举在于精准。领导工作，也是一门科学、一门专业，应当强化精准思维，把精准的意识和智慧运用到具体工作中，精准发力、精准施策，一丝不苟、精益求精，有效推动各项任务顺利完成，达到预期的效果。

要牵住“牛鼻子”。善于抓住关键、精准发力，坚持“两点论”和“重点论”的统一，厘清主要矛盾和次要矛盾、矛盾的主要方面和次要方面，把握关键环节，切中问题要害，找准问题症结，分清轻重缓急，做到对症下药、靶向治疗，精准发力、精准施策，防止“散光”和“大水漫灌”“手榴弹炸跳蚤”。

要下足“绣花”功夫。天下大事必作于细。再好的政策，如果操作不当、执行不力，也会变形走样。要发扬工匠精神，强化精品意识、细节意识、精准意识，运用专业思维、专业素养、专业方法抓落实，把矛盾的普遍性和特殊性、共性和个性统一起来，按照地点、时间和具体条件来认识事物、处理问题，善于进行交换比较反复，把“绣花”功夫下足、下到位，精心打磨、臻于至善，做到“一把钥匙开一把锁”，防止“一刀切”“一锅煮”，事倍功半，劳神费力却没有什么成效。

十、办法总比困难多

“世上无难事，只要肯登攀。”任何事物的发展都是螺旋式上升和波浪式前进的，在发展过程中免不了遇到各种各样的问题矛盾。但事物终究是曲折前进的，这说明只要“思想不滑坡”，任何困难都不会把我们逼进死胡同。相反，它会给困境中的我们带来意想不到的奇迹，这个奇迹就是我们战胜困难的能力。能力强了，解决困难问题的方法也就多了，困难这根“弹簧”也就弱了。在困难和挑战面前，领导干部是做“缩头乌龟”还是“迎难而上”，是为失败找借口还是为成功想办法，不仅直接关系到问题能否有效化解，还与其能力高低、成长成才紧密关联。

要有一股积极向上的“精气神”。“人总是要有一点精神的”。“精气神”好，干部就会在状态，就敢于直面问题困难，千方百计想办法。要增强危机感、责任感、使命感，始终保持一股昂扬向上的斗志，保持内在动力和革命激情，发扬逢山开路、遇河架桥的精神，树立狭路相逢勇者胜、百舸争流奋者先的理念，排除千难万险，直至到达胜利的彼岸。

领导工作的实质就是解决问题。实践证明，谁能更好发现问题、把握问题并且解决问题，谁就能赢得发展的先机和主动。要以重大问题为导向，抓住关键问题进一步研究思考，着力推动解决我们发展面临的一系列突出矛盾和问题。要强化问题意识，遇到矛盾不绕道，碰到问题不回避，把所有的办法和措施都紧紧围绕解决问题这个目标展开，多思考多研究，不断在解决问题的过程中增长才干，办法就一定会比困难多。

十一、惟创新者进，惟创新者强，惟创新者胜

创新是一个民族进步的灵魂，是一个国家兴旺发达的不竭动力，是一个政党永葆生机的源泉。我们党一路走来，不断从胜利走向新的胜利，最根本的原因就在于有了马克思主义中国化、农村包围城市、改革开放等一系列伟大的创新。邓小平同志指出，走不出一条创新路，就干不出新的事业。要想永远走在时代前列，就一刻也不能没有创新思维，一刻也不能停止创新行动，一刻也不能放松创新能力。惟有弃旧图新、创新不已，事业才有出路，个人才有进步。不能因循守旧、故步自封、得过且过，不能做“太平官”“守摊人”“公堂木偶”。

要敢于质疑、敢破敢立。常有所疑，是创新的起点。思想解放的程度，决定改革创新的力度。要敢于质疑权威，不唯书、不唯上，遇事多问几个为什么，破字当头、立在其中，拿

出一股想创新、敢创新的勇气和闯劲，积极探索，奋勇向前。

要借鉴吸收、顺势而为。解放思想不是胡思乱想，创新也不是推倒一切、从头再来，而是站在前人的肩膀上、俯身基层群众的创造上、放眼外地外国的经验做法上进行新的探索和实践。要在新时代继续推进创新，就必须识变、应变、求变，善于吸收借鉴一切优秀成果，因势而变、顺势而为、应势而动，牢牢掌握创新主动权。

要敢于尝试、永不自满。创新永远都是进行时，不创新不行，创新慢了也不行。有了新的思路和想法，就要敢于尝试，不怕失败，进而用新的创新成果来推动工作。要不满足于既有的成就，勇于自我批判，善于比较比选，寻求更优方案，始终保持思维的活跃性、思想的敏锐性、思路的开阔性，进行更多新的富有创造性的工作。

十二、反其道而行之有时也是好主意

“反其道而行之”在心理学中被称为逆向思维、求异思维，是对司空见惯的似乎已成定论的事物或观点反过来思考的一种思维方式，是采取与之相反的办法行事、反方向解决问题的一种方法。尤其当传统的方法、惯用的方式对面临的问题无能为力时，更要突破常规，让思维向对立面的方向发展，从问题的相反面深入地进行探索，不断树立新思想、解决新问题。

要培养逆向思维。改变常态的思维轨迹，突破常规的思维束缚，破除由经验和习惯造成的僵化认识模式，大胆地反其道而行之，用新的观点、新的角度和新的方式研究和处理问题，以求产生新的思想，探索出符合客观规律的新路径。但有的领导干部往往囿于已有知识的既定框架和受制于思维的既定思路、程序，固守着原来的方向、形式和程序，具有强烈的习惯性和“排他性”。这必然开拓不了新局面，适应不了新形势。

要善用发散思维。站在不同角度思考问题，善于把所学、所思和碎片化的知识、跨界的知识汇集起来，拓宽思维广度，走出思维狭谷，多维度考虑问题，从不同侧面、不同角度寻求解决难题的对策。要不断完善已有的知识结构，增强思维方式的适应性。对人要有“三人行必有我师”的心胸，对事要有“偏听则暗兼听则明”的格局，对物要有“横看成岭侧成峰”的慧眼，多角度静心观察，如此才有可能在“山重水复疑无路”时，体验“柳暗花明又一村”的惊喜；才有可能在“踏破铁鞋无觅处”后，找到“得来全不费工夫”的答案；才有可能在“蓦然回首”间，寻到“反其道而行之”的好主意。

十三、让历史告诉现在

历史是最好的教科书，深刻揭示了事物发展的客观规律和内在法则，能告诉我们未来的走向，能告诉我们哪些事能做、哪些事不能做，对当下的人和事有很大的启发和借鉴作用。人们总是在过去的历史经验下把握现在的发展过程，在今天的现实条件下谋划将来的发展思路。习近平总书记强调："不忘历史才能开辟未来，善于继承才能善于创新。只有坚持从历史走向未来，从延续民族文化血脉中开拓前进，我们才能做好今天的事业。"从历史的经验和教训中汲取营养、启迪智慧，对领导干部非常重要。一个高素质的领导者，应该是历史知识丰富而又有正确历史观的人。

历史揭示了社会发展的客观规律，我们要增强道路自信。把马克思主义普遍真理同我国的具体实际结合起来，建设有中国特色的社会主义，这是党总结长期历史经验得出的基本结论。领导干部要深入学习社会发展史，把握社会发展的客观规律，深刻认识党的领导和社会主义道路是历史的选择、人民的选择，切实增强道路自信，自觉地沿着新时代中国特色社会主义的康庄大道奋勇前进。

历史揭示了治乱兴衰的经验教训，我们要走向复兴。"治天下者以史为鉴，治郡国者以志为鉴。"学习和掌握"究天人之际，通古今之变"的历史，可以知兴替、治世事、通人理，鉴前世之兴衰，考当今之得失。领导干部要深入学习世界史、中国史、地方史，博古通今，增长才干，总结成功历史经验，汲取失败教训。

历史揭示了人民群众的主体地位，我们要当好公仆。人民群众是历史的创造者，是社会变革的决定力量，是我们的衣食父母。我们党因民而生、因民而兴、因民而强，党的根基在人民、力量在人民、兴衰成败也在人民。领导干部要深入学习党史，不忘初心，牢记使命，当好公仆，把人民放在心中最高位置，把人民群众对美好生活的向往作为自己的奋斗目标，走好新的长征路。

十四、不唯上、不唯书、只唯实

延安整风运动后，陈云同志提出了“不唯上、不唯书、只唯实”的至理名言。如果说“实事求是”是辩证唯物主义不断发展的一个重要范畴，那么“不唯上、不唯书、只唯实”则是陈云同志对其含义作出的通俗易懂的诠释，而这也是我们党一贯的工作作风。“不唯上、不唯书”，并不是上级的话不听、文件及书籍不读不汲取，而是要从人民的根本利益和客观实际出发贯彻执行上级的指示和决策，反对机械地照搬照抄照发，反对盲目地照着书本上的条文去做。“只唯实”，就是专注从实际出发、实事求是地研究处理问题的唯物主义态度，体现的是一种研究解决矛盾和问题的决心。

将理论与实际相结合。把马克思主义的普遍真理和中国革命的具体实践相结合，走自己的道路，这是中国共产党人的一贯思想原则。要从实际情况出发，尊重客观事实，从中摸清事物所固有的规律，并把调查研究作为理论联系实际的根本途径，从群众中来、到群众中去，广泛听取群众意见，调研中不戴有色眼镜，不为调研而调研。

将上情与下情相结合。既接天线，吃透“上情”，真正把上级的精神和要求学深学透，全面准确地把握大政方针的根本要义，高屋建瓴地开展工作；又接地气，把握好“下情”，一切从实际出发，实现“上情”与“下情”的融合，为做好工作打下基础，真正做好“结合”这篇大文章。

十五、适应是一种本事

“物竞天择，适者生存”是大自然的规律。恐龙拥有强大力量，也难逃灭绝命运；蚂蚁虽小且弱，却生生不息，适应能力的不同是重要原因。对于人类来说，适者生存的道理也是一样的，“世界潮流，浩浩荡荡，顺之者昌，逆之者亡”，世界抛弃你的时候，连再见都不会说一声。领导干部常常面对职务任务、工作地点、工作对象的变化，别人要适应我们，我们也要适应别人，只有不断去调整适应，才不会被瞬息万变的社会所遗弃。一名好干部应该是适应能力强的，能很快进入角色，很快打开工作局面。

要能尽快适应环境。客观环境是领导干部工作的空间背景。每个地方的历史文化、人文环境、资源禀赋等都不尽相同，要有效开展工作，就要搞清楚这个地方、这个单位的过去与现状、优势和劣势、特点和规律，搞清重点项目、重点工作、重点问题，还要尽快融入干部群众，与他们建立起相互信任、相互支持的工作关系，形成干事创业的合力。

能力要和职位相匹配。领导干部的能力不会随着职位的升迁而自然提升，走上了领导岗位，就要练就与岗位相匹配、相适应的本领。要积极适应新时代我国社会主要矛盾的变化，适应不同岗位和形势发展需要，做一名政治过硬本领高强、高素质专业化的领导干部。

心理上的调适尤为重要。要修炼积极稳定的心理素质，善用正面思维考虑问题，对社会的剧烈变动有良好的心理反应，对利益格局调整有一个平和的心态，有积极进取、开朗豁达的性格。但适应也要有个“度”，切忌随波逐流、同流合污，要坚守内心深处的“道”，在大浪淘沙中百炼成金。

十六、熟能生巧，实践出真知

俗话说：“熟读唐诗三百首，不会作诗也会吟。”任何事情，做得多了，熟练了，就能找到窍门，思想上行动上就会“信手拈来”，遇到困难就会应对自如。它反映出来的是实践第一的理念，只有认真去做，反复去做，才能获取真知。“纸上得来终觉浅，绝知此事要躬行。”再有能力的人，如果缺乏实践的反复锻炼，也是难以成事的。面对诸多复杂的人和事，领导干部如何成为本职工作的行家里手？其中很重要的一个方面就是要主动投身实践，撸起袖子加油干，才能有所收获、有所成就。

好马是骑出来的，才干是练出来的。千琢成器，百炼成钢。温室里长不出万年松，庭院里遛不出千里马。在实践中丰富阅历、练好内功，既是干部成长的必要途径，也是事业发展的客观要求。要注重“量变”的积累，复杂的事情简单做，简单的事情重复做，重复的事情用心做，不断积累知识、积累经验，积蓄力量、汲取营养。特别要注重在急难险重任务中去磨练自己，多经历一些大事要事、急事难事，在困难逆境中磨练意志，在挑战考验中增强本领。

实践出真知，一线出干部。只有在深入基层中接好地气、积淀底气、增强锐气，工作才能做到胸有成竹、有的放矢、游刃有余，避免说话“不着调”、办事“不靠谱”。下基层，既要“身下”，更要“心下”，真正在基层、在现场，一身土、两脚泥，和群众说到一块、干在一起，真心实意服务基层、服务群众、服务发展。要把选人用人的目光更多地投向基层、投向一线，及时把实践锻炼成熟的好干部选出来、用起来，真正使“干部在一线成长”成为一种导向，让注重实践、投身实践蔚然成风。

思想方法就是人类进行思维活动时所遵循的规则和程序，是人们观察问题、思考问题和认识问题的途径与方式。做任何工作，干任何事，都离不开思想方法。有什么样的思想方法，就会有什么样的行为方式。思想方法不同，对理论的建构和理解就不同，对形势的分析和判断就不同，解决问题的思路和办法就不同，从而实践的结果也就不同。我们党历来高度重视思想方法，在长期的革命、建设和改革实践中，产生和形成了关于思想方法的丰富经验和系统理论，其中最本质的、最根本的就是坚持和运用马克思主义立场观点方法认识问题、分析问题、解决问题，坚持解放思想、实事求是，一切从实际出发，与时俱进。

一、政之大道，天下为公

孙中山先生认为，政就是众人之事，治就是管理，所谓政治，也就是“管理众人之事”。既然是“众人之事”，就不能有私心、公私不分，甚至损公肥私、假公济私，而是必须“天下为公”，为绝大多数人谋利益，这是为官从政的根本和核心，是大道。历史反复证明，一些王朝或是政党之所以人亡政息，一个很重要的原因就在于，他们执政后利用手中权力谋取个人或是小团体的私利，与人民群众尖锐对立，最终被人民所抛弃。所以说，“一心可以丧邦，一心可以兴邦，只在公私之间尔”。领导干部掌握的是公权力，掌管着公款、公物、公章，秉公用权、公私分明是最起码的政治品格和职业操守。

政在去私，私不去则公道亡。为官从政，必须去除私心杂念，杜绝以权谋私。公务和私事要分明，自觉做到不假借公务之名办理私事，不利用公共资源为私事提供便利；公权与私利要分明，要秉公用权、清醒用权、依法用权，始终把权力用在为人民群众办实事、谋利益上；公恩与私恩要分明，感谢组织和人民对自己的教育、培养和使用，心怀感恩、心存敬畏，决不能公恩私报，搞私相授受、投桃报李那一套。

立党为公，执政为民。我们党是为民族、为人民谋利益的政党，除了工人阶级和最广大人民的利益，没有自己特殊的利益。我们党执掌政权的全部出发点和落脚点，都是为了领导和支持人民当家作主，让国家变得更富强、让社会变得更公正、让人民生活得更美好，而不是为哪个人或是哪个集团的特殊利益服务，这是最大的公，也是我们党一以贯之的根本宗旨和能够长期执政的根基所在。

二、领导的精髓就是奉献与牺牲

明代吕坤曾说:“做官都是苦事，为官原是苦人。官职高一步，责任便大一步，忧勤便增一步。”也就是说，为官者权责相系、苦乐相悖，本就是件难事和苦事。领导岗位肩负着党和人民的重托，做领导理所当然意味着责任和付出，意味着奉献和牺牲。只有心甘情愿地消耗自己，才可能成为一名好官、能吏。反之，如果把当官当作是待遇、享受或炫耀的资本，那是一定当不好领导干部的。在其位，就要谋其政、履其职、担其责，胼手胝足，劳心焦思。“惟天下之安而后乐”，对领导干部来说是天经地义的。为官本来就不自在，无官才能一身轻。

为官必先苦己。领导职务是一份沉甸甸的责任。党和人民把我们放在领导岗位上，就是对我们的信任，是给了我们为党分忧、为国效力、为民尽责的机会。要以苦为乐站前排，不计得失、不求名利，凡事吃苦在前、享乐在后，甚至要“自讨苦吃”，耐得住寂寞，守得住清贫，能够不厌其烦，把献身党的事业作为人生最大的追求。我们不舒服一点、不自在一点，老百姓的舒服度就好一点、满意度就高一点。老百姓满意了，我们的内心也就踏实了，得到了成就感。

从政必干苦事。习近平总书记指出，当共产党的“官”是很辛苦的，并反复强调“当官不要当得那么潇洒”。任何一点工作成绩的取得，都不是靠花招技巧，也不是靠吹牛拍马，而是要有一股追求卓越、永不停步的献身精神。要敢于正视困难矛盾，拿出敢打硬仗、敢啃硬骨头的魄力和勇气，主动到基层一线和艰苦边远地区经风雨见世面，在急难险重任务中锻炼提高，在改革发展稳定实践中增强担当，迎难而上，苦干实干，变不可能为可能，赢得主动。

三、以人民为中心，一切为了人民、一切依靠人民

坚持以人民为中心，是新时代坚持和发展中国特色社会主义的重要内容，就是要任何时候都把人民利益放在第一位，把人民对美好生活的向往作为奋斗目标，把全心全意为人民服务作为党一切行动的根本出发点和最终目标，实现好、维护好、发展好最广大人民的根本利益。弄清楚“为了谁”，才能找准执政的目标和方向。如果说“千里来当官，为的吃和穿”，那

就会把自己的“官位”与票子、房子、车子画上等号，也就必然会重私利、轻公义，甚至贪赃枉法、损公肥私。坚持以人民为中心，一切为了人民、一切依靠人民，归根结底，就是要出实招、办实事，做到权为民所用、情为民所系、利为民所谋。

要办多数人受益的事。为多数人谋利益，是社会主义制度的一条基本原则。要始终关注大多数群众的利益，时刻注意解决大多数群众的问题，不图虚名、不务虚功，真正俯下身子、撸起袖子，重实干、务实效。只有这样，才能够得到多数人的支持，事情也才容易办好。这是我们做好一切工作的出发点和落脚点。

要办群众最急需的事。倾听群众呼声，关心群众疾苦，是我们党和各级领导干部的天职。要坚持“万事民为先”，急人之难，救急当先，把最困难的人的疾苦时刻挂在心头，从群众最关心最直接最现实的利益问题做起，找准工作的切入点，把好事实事做到人民群众的心坎上，不能只注意“锦上添花”，而忽视了“雪中送炭”，甚至一味地追求“显绩”，总想着“一鸣惊人”，结果患上了“政绩恐慌症”，并为此弄虚作假，搞出一大堆“政绩工程”，这就是为自己，而不是为人民了。

四、举好旗，当好当代共产党的传经布道者

旗帜就是方向，旗帜就是形象。毛泽东同志曾经指出：“主

义譬如一面旗子，旗子立起来了，大家才有所指望，才知所趋赴。”旗帜问题至关重要，举什么旗，走什么路，直接关系到党的前途和命运。我们党自成立之日起，就把马克思主义写在自己的旗帜上，始终以高度的自觉信仰马克思主义，以毫不动摇的立场坚持马克思主义，以与时俱进的态度发展马克思主义，使马克思主义在中国大地上发扬光大、根深叶茂，开创出一条具有中国特色的社会主义道路，为解决人类问题贡献了“中国智慧”和“中国方案”。对领导干部来说，举好旗就是要坚定“四个自信”，不仅自己做到真学真懂真信真用，还要团结带领广大干部群众始终坚持新时代中国特色社会主义道路不动摇。

要宣传引导群众，坚持用习近平新时代中国特色社会主义思想武装头脑。善于用通俗易懂的语言，用群众身边的事例，从群众的利益出发，经常走到群众中间、走到最前面，牢牢把握话语权，宣传中国特色社会主义理论，当好党的理论路线、方针政策的宣传员，让群众深刻理解习近平新时代中国特色社会主义思想的丰富内涵和党的路线方针政策，让群众获得主流、及时、准确的信息，团结和凝聚广大群众心服气顺地跟党走。

要组织发动群众，为实现中华民族伟大复兴凝心聚力。以提升组织力为重点，坚持从群众中来，到群众中去，把社会各个领域和各种群体的意见作为决策的重要参考，赢得最大多数群众的拥护和支持，并通过以身作则，用“向我看”的率先垂范引领群众，用“跟我上”的实干身影凝聚党心民心，使广大群众紧紧凝聚在党组织周围，变共识为共为。

五、不忘初心、牢记使命、永远奋斗

习近平总书记指出，中国共产党人的初心和使命，就是为中国人民谋幸福，为中华民族谋复兴。这个初心和使命是激励中国共产党人不断前进的根本动力，是中国共产党永远年轻的精神源泉。一切向前走，都不能忘记为什么出发。领导干部要经常扪心自问，想想自己参加工作的初心是什么，要注意经常修正方向，始终朝着既定的目标奋勇前行。当然，一切目标的实现都离不开持续的奋斗，唯有奋斗才能创造幸福生活。

要坚定信仰信念。信仰的力量在于笃行。入党誓词字数不多，记住并不难，难的是终身坚守。要经常对照入党誓词，以此修身正己、锤炼党性，挺起共产党人的精神脊梁，解决好世界观、人生观、价值观这个“总开关”问题，自觉做共产主义远大理想和中国特色社会主义共同理想的坚定信仰者和忠实实践者。

要赓续精神力量。中国共产党在长期的革命、建设、改革事业中积淀出许多具有时代意义的精神力量，为激励广大党员和人民群众砥砺奋进提供了强大的精神支撑。要善于从党的光辉历史和一脉相承的精神谱系中汲取源源不断的前进动力，凝聚人心，百折不挠，找准历史与现实的结合点，谱写出新时代中国特色社会主义发展的新篇章。

要永葆奋斗姿态。事业发展永无止境，奋进脚步永不停歇。要始终保持永不懈怠的精神状态和一往无前的奋斗姿态，发扬求真务实、真抓实干的作风，以钉钉子精神担当尽责，一件事情一件事情办，一年接着一年干，脚踏实地把既定的行动纲领、战略目标、工作蓝图变为现实。

六、政从正来，智从知来，位从为来

朱熹讲："问渠那得清如许，为有源头活水来。"事实上，任何事物都不是凭空产生的，都有其产生、发展、壮大、变化、萎缩乃至灭亡的过程，我们称之为规律。为官从政也是如此，要想做好、做成功，也要遵循一定的规律，付出必要的努力，才能赢得组织的认可和群众的支持。正所谓，有眼界才有境界，有实力才有魅力，有思路才有出路，有作为才有地位。

君子为政，以正己为先。"政者，正也。子帅以正，孰敢不正。"讲"政治"，谈"从政"，对领导干部而言，首要就是坚守为政之道，用"正"的要求来规范和塑造自己，做到人正、身正、心正、行正、为正。具体来说，就是思想要纯正，不能有任何私心杂念；内心要端正、光明磊落，不玩阴谋诡计、不耍小聪明；处事要公正，不分亲疏，一视同仁；操守要清正，洁身自好，清白做官。

智慧靠学思践悟，知识靠勤奋积累。“智”字上为“知”，下为“日”，表示只有经过长时间的知识积累，才能使自己变得更聪明、更有才智，成为一个有智慧的人。要注重学习、勤于思考、躬身实践、总结反思，努力培养和形成“学思践悟”的习惯，学会等待和积累，活到老学到老，不断砥砺党性、增强本领，提高工作能力和水平，成就精彩人生。

有为才会有位，有位更要有为。“位”是职位、是岗位，但更是责任和担当。只有恪尽职守、勤勉工作，想干事、真干事并且干成了事，也就是有所“为”，才能得到更高的展示自己才华、实现人生价值的“位”。不能总是一心只想做大官，从来不想做大事，明明不作为、不干事、不担当，却妄想以“无为”而求“有位”，这是对“位”的最大误解，必然干不好，也干不长。

七、忠诚胜于能力

忠诚就是对国家、人民和事业真心诚意、尽心尽力、没有二心，是对信仰、承诺和责任的坚守，是品德；而能力是人们完成工作任务或目标所体现出来的素质和水平，是才干。“天下至德，莫过于忠。”一个人如果不忠诚，位置越高，危险就越大；本事越大，危害就越深。从这个角度来看，忠诚远比能力更重要。所以我们在选拔干部时，必须坚持德才兼备、以德为先的原则。近年来，很多领导干部出问题，多数不是出在“才”上，而是出在“德”上。一般人无德，他再怎么坏，其影响也可以想见；而领导干部失德，影响就会很坏，甚至贻误党的事业、危害人民利益。忠诚没有相对的只有绝对的，领导干部对党绝对忠诚，就是唯一的、彻底的、无条件的、不掺任何杂质、没有任何水分的忠诚。

要忠诚于党的信仰。坚定对马克思主义的信仰，坚定对中国特色社会主义和共产主义的信念，是共产党人的政治灵魂，是共产党人经受住任何考验的精神支柱。有信仰的人才是真正幸福的人。要忠诚于党的信仰、纲领、方略，自觉强化理论武装，不断地补精神之“钙”、固思想之元、守为政之本，真正做到“虔诚而执着，至信而深厚”。

要忠诚于党的组织。进了党的门，就是党的人。要始终牢记自己的第一身份是共产党员，第一职责是为党工作，树牢“四个意识”，做到“四个服从”，坚决维护以习近平同志为核心的党中央权威和集中统一领导，自觉做到思想上高度信赖核心、情感上衷心爱戴核心、政治上坚决维护核心。

要忠诚于党的宗旨。人民对美好生活的向往，就是我们的奋斗目标。要始终把人民群众放在心中最高位置，以人民忧乐为忧乐，以人民甘苦为甘苦，切实实现好、维护好、发展好最广大人民的根本利益，让广大人民群众更好地共享改革发展成果。

八、识大体方能做大事

识大体，就是懂得事情的要领或有关大局的道理，往往与顾大局连用，用来表示不计私利，有大局观念、大局意识，凡事能从大局出发，考虑大多数人的利益。提倡识大体、顾大局、维护团结，反对搞小圈子，是我们党一贯倡导的优良传统和作风。领导干部想问题、办事情，都要从党和国家的利益以及人民的利益出发，当局部利益、团体利益、个人利益与党和国家的利益不一致时，宁愿舍弃小利益也要维护大利益，不能因小失大，这是集中力量办大事的前提，也是检验领导干部党性是否坚强、胸怀境界是否宽广的重要标准。只有识大体，才能干大事。

要增强大局观念识大体。做任何事情，都不能只盯着自己的“一亩三分地”，而是要跳出以自我为中心的窠臼，自觉站在党和国家的工作大局上看问题，正确认识大局、自觉服从大局、坚决维护大局。只有这样，才能摆脱自身局限性，找准前进的方向，才能围绕中心、紧跟节奏，也才有可能取得成绩。

要提高协同意识做大事。领导干部不仅要有团结精神，更要有协作能力。要增强整体意识，善于用联系的观点看问题，多些协同思维，加强协作配合，做好补台补位，通过资源共享、信息互通，形成“一盘棋”的工作合力，实现协调发展，取得共赢，决不能单兵突进、顾此失彼。

九、既要“显绩”，也要“潜绩”

任何时候，当干部都得干事，必须要有政绩。没有政绩的干部肯定不是好干部。而政绩又分“显绩”和“潜绩”，“显绩”立竿见影，易出成效、易受关注；“潜绩”见效慢，费时费力，难以形成“轰动效应”。“潜”是“显”的基础，“显”是“潜”的结果，二者是对立统一的一对矛盾，共同构成领导干部的政绩。然而，有些领导干部政绩观出现了偏差，一味追求“显绩”，热衷于“显山露水”的短平快项目，甚至热衷于“做秀”摆花架子，而不愿花时间花精力投入“长线”工作。领导干部不仅要看任内干了些什么，还要看走后留了些什么，“显绩”“潜绩”都要有。

既要打基础，又要利长远。“不谋万世者，不足谋一时。”领导干部不能只算个人当前的“仕途账”，而不算集体长远的“利益账”。要甘当铺路石，多练一些“潜功”，树立“功成不必在我”的境界和“功成必定有为”的担当，既做让群众看得见摸得着、得实惠见效快的“显绩”，更要努力创造泽被后人、长时间发挥效益的“潜绩”，在当前与长远之间寻找最佳结合点。

既要抓亮点，又要补短板。要坚持以实事求是、久久为功的精神抓工作谋发展，不能一味为了工作出新出彩而对短板问题视而不见，甚至以牺牲“潜绩”为代价，否则再美好的“显绩”也是破坏性的，蓝图绘制得再精妙也会功亏一篑。

既要有速度，又要有质量。要牢牢把握稳中求进的总基调，保持好“显绩”与“潜绩”的有机平衡，提高“进”的质量，保持“进”的势头，一件任务一件任务落实，一个时间节点一个时间节点推进。在引领发展道路上，能快就不要慢，能跑就不要走，切实做到有质有量有速度，确保高质量的发展。

十、气量也是一种力量

气量指的是人的胸怀、眼光、度量，是人的才识、品德所达到程度和水平的综合体现。我们常说，团结就是力量，其实气量也是一种力量。曹操宽宏大量终成一代霸业，周瑜心胸狭窄最终过早夭折。气量是一个人取得成功不可或缺的内在力量，是一种无形的凝聚力和感召力。只有胸怀宽广、气量宏大，才能广泛吸引人才，凝聚人心，争取多数，形成坚强的凝聚力；也只有严于律己，宽以待人，容忍误会和冲撞，不计得失，才会受人尊重和信赖，产生巨大的感召力。一个人气量越大，往往见识越高、涵养越好、能力越强，正能量也越大。

要有宠辱不惊之“量”。不断增强党性修养，牢固树立“计利当计天下利，求名应求万世名”的追求，摆脱名缰利锁的羁绊，跳出名、利、欲的诱惑，不斤斤计较于个人一时的利害得失，把名利看淡一些，把事业看重一些，不为世俗的看法所左右，始终保持一颗平常心，全身心投入工作、事业中去，真正达到“心底无私天地宽”的境界。

要有团结宽容之“量”。能容人之长、容人之功，更能容人之短、略人之过，对待能力欠缺者不鄙视，对待个性张扬者不打击，对待能力优秀者不排挤。不仅要团结志同道合的人，还要善于团结与自己意见不同的人，特别是反对自己的人。对原则问题要一丝不苟、敢于亮剑，对非原则问题要注重求同存异，时刻以事业和大局为重。

要有包容忍让之“量”。不计自己对他人之恩，不计他人对自己之怨，受得住委屈、经得起误会，对相互间的纠葛和矛盾要善于淡化、善于遗忘，要有“渡尽劫波兄弟在，相逢一笑泯恩仇”的雅量，切不可以牙还牙、以怨报怨。

十一、方向大于方法，动力大于能力，做人大于做事

古人讲：“物有本末，事有始终。知所先后，则近道

矣。”“得道”是中国古代读书人穷尽一生所追求的目标，以期顺应自然、天人合一。但只有“道”还不行，还要有“术”。得道者为大智，管根本、管全局、管方向、管做人；得术者为小智，管细节、管末梢、管方法、管做事。不论是道还是术，都是做好领导工作所必须掌握的要素。

讲究工作方法，更要增强方向意识。方法得当事半功倍，方法失当事倍功半。但这有一个前提，就是方向要正确，方向正确之后，方法才是王，才能走对路、行正道。要坚定政治方向，始终在大是大非面前立场坚定；要端正价值取向，为干部群众创造公平正义的干事创业、成长成功环境；要顺应民心所向，真正把民意评价、民众幸福作为根本追求。

提升工作能力，更要激发工作动力。动力好比“吹动帆船的风”，凡事只要有想干愿干的意愿，就总能找到能干会干的方法。要把工作当作事业，提升闯的魄力、抢的意识、争的劲头、拼的勇气，始终保持干不好工作就食不甘味、夜不能寐的劲头和躺着想事、坐着议事、站着干事的冲动，以火一样的激情投入工作，锐意进取，奋勇当先，争创一流。

把官做淡，更要把人做大。“官”念太强，人性就会减弱。要摒弃官本位思想，始终坚守做人本色，志存高远而非好高骛远，善作善为而非碌碌无为，进贤兴功而非急功近利，坚决抵制庸俗腐朽的“官场哲学”、歪风邪气，不断修炼自己、提高自己，努力做一个组织满意、人民认可的好干部，做一个没有架子的贴心人、知寒知暖的好心人、解忧帮困的热心人。

十二、博学才会思路宽

汉代思想家王充说过："人不博览者，不闻古今，不见事类，不知然否，犹目盲、耳聋、鼻痈者也。"博学而后多识，掌握更加丰富的知识，才会有宽阔创新的思路来处理问题。博学是思路宽的基础，思路宽是博学的升华。思路宽的领导干部往往能举一反三、开拓创新、善借东风、因地制宜，从而使工作更加具有预见性、全局性和突破性。学者非必为仕，而仕者必为学，仕而不学则忧。领导干部肩负重任，必须做一个博学者，积累丰富的知识后，经过消化吸收，转化为干事创业的思路、解决问题的能力，做一个眼界宽、思路宽、胸襟宽的"三宽"干部。

要跟上时代加快知识更新。学习是核心竞争力，面对新时代改革开放的新任务、新要求、新挑战，领导干部要牢固树立终身学习的理念，不断更新知识，把学习作为砥砺人格、丰富人生的重要需求，挤出时间多学习、减少应酬多读书、持之以恒多钻研。

要兼容并蓄注重点滴积累。"不积跬步，无以至千里；

不积小流，无以成江海。”要以久久为功、水滴穿石的精神，以及由量变到质变的计划性、常态化学习，学精本职工作所需知识，又大胆涉猎不同学科、不同领域、不同时代的知识，坚持学思结合，在不断积累中增加知识广度和厚度。

要勤于实践开阔思路眼界。“勤于思则理得，勤于行则事治。”要在干中学、在学中干，学习工作化，工作学习化，把学习成果通过实践的检验变成经验变成理论，再反过来结合实际指导实际，不断拓展眼界、创新思路，学以致用、用以促学、学用相长。

十三、心中有敌，天下皆为敌；心中无敌，则无敌于天下

人生成败，内心强大与否很关键。心中有敌，则影影绰绰、草木皆兵，排斥世界排斥他人；心中无敌，则内心强大宽容，游刃有余地协调各方关系，团结一切力量为己所用。为将之道，当先治心。领导干部掌握着党和人民赋予的权力，践行着全心全意为人民服务的宗旨，必须打破内心桎梏，开阔心胸，做到心底无私天地宽，坦坦荡荡，所向披靡。当然，心中无敌不是靠嘴喊出来的，而是要历经无数风风雨雨、高山低谷才慢慢蜕变出来。任何时期，各种意想不到的新情况、新问题、新矛盾都会层出不穷，要想从容不迫一一攻破，就要不断滋养内心力量，使自己的内心真正强大起来。

要提升度量容纳万事万物。海纳百川有容乃大，现代社会，团结共赢是正道。心有戚戚，到处树敌，终究会变成孤家寡人。要顾全大局，有闻过则喜的胸襟气度，听得进去不同意见，有则改之无则加勉。能容人之长，对比自己优秀的人要点赞支持而非妒忌打击；能容人之短，公正对待他人过错，不要将人“一棍子打死”。要团结不同性格的人，凝心聚力共同干事。

要提高站位放眼长远。远大目标彰显眼界与气魄，更是激励人不断前行的动力源。要高瞻远瞩，学会风物长宜放眼量，放眼世界、放眼未来、放眼历史，超越眼前的纷繁乱象，不被一时一地的成败所扰，不被一城一地的得失所困，讲格局、提境界。看开了，看远了，就装得下一切，就能心中无敌、无敌天下。

十四、实事求是，才能立足于不败之地

实事求是就是从实际情况出发，探求事物的内部联系及其发展的规律性，认识事物的本质，正确对待和处理问题，它是由毛泽东同志在中国革命和建设实践中概括出的党的思想路线，是科学世界观与方法论的辩证统一。党的历史证明，什么时候坚持实事求是，党和国家事业就能不断取得胜利；反之，就会遭受挫折。当前，一些干部汇报工作报喜不报忧，热衷搞形象工程、政绩工程，这些花架子根本经不起推敲，一触就碎、一碰就倒。领导干部只有坚持实事求是，苦干实干加油干，创造

出经得起历史和人民检验的业绩，才能立于不败之地。

要摸清实情心中有数。深入群众、深入实践了解客观实际，经常性地开展调查研究，把客观事实搞清楚，做到耳聪目明、心中有数，多做一些接“地气”、暖人心的实事和好事，而不是偏离实际、好高骛远、做表面文章。

要客观求是手中有招。在刻苦学习和工作历练中不断增强个人知识、阅历、修养、视野、判断力，掌握马克思主义的立场观点方法，运用正确思维方法，探求和掌握事物发展的客观规律，找出解决实际问题的办法。

要担当作为务求实效。实事求是最终要体现在实效上。要准确把握好发展大势和方向，解放思想、大胆实践，在创新中突破，在真抓实干中出实招，拿出实实在在、有效管用的办法措施，努力破解影响改革发展的问题。

十五、功贵其久，业贵其专

恒心韧劲、苦心钻研，是干事创业不可或缺的优秀品质。古今中外，凡成大事建功立业者，无不执着追求，久久为功。黄大发一生只为一清渠，耗时36年，在海拔1300多米的灵宝山上，开凿了一条近万米的“大发渠”；塞罕坝林场三代建设者在荒漠上徒手种下112万亩人工森林。这些生动的案例昭示我们，干任何事业都需要专一持久，才有可能取得扎实的业绩。

世上不知多少聪明人，朝秦暮楚、投机取巧，终其一生没有做好一件事。领导干部要不贪一时之功、不图一时之名，咬定目标，专心致志，一届接着一届干。

要狠抓落实久久为功。新官也要理旧账，坚持一张蓝图绘到底，在继承中创新，以思路的连续、措施的配套、方法的对接，坚持抓“常”和抓“长”，以踏石留印、抓铁有痕的劲头，不放松、不停顿、不懈怠，使事有专管之人、人有专管之责、时有限定之期，一锤接着一锤敲，善始善终、善作善成。

要发扬工匠精神精益求精。坚持精雕细琢、精益求精的理念，立足本职、专攻主业，执着专注，不要差不多、盯住最完美，坚守严肃严格严谨的作风，全身心投入工作，干一行爱一行专一行，在平凡的岗位上追求完美极致。

要持久专一创造实绩。拿出持久的韧劲、钻研的劲头，提升专业素养，坚守着自己的初心和信念，坚持把一件事做实、做好，在不事张扬中沉心静气，久久为功做大事，在平凡的岗位上创造不平凡的业绩。

十六、实际行动一步胜过纲领一打

空谈误国，实干兴邦。社会主义是干出来的，新时代也是干出来的。习近平总书记曾号召“大家撸起袖子加油干”，实质就是弘扬实干精神。天上不会掉馅饼，古今中外，没有一项工作不是干出来的，没有一项事业不是靠干成就的。不行动，再好的规划也是空中楼阁；不行动，再美的蓝图也是废纸一张。当前，有的干部缺少闯劲冲劲不敢干，有的看不到自身职责不思干，有的觉得实干太难不愿干，谈起规划一套一套，胸脯拍得山响，其实是金玉其外败絮其中。干部干部，就要先干一步，不干就不会进步，必须以等不起的紧迫感、慢不得的危机感、坐不住的责任感，挑起重担，开创事业。

要激发干事创业的热情。要始终秉持一股劲，提着一股气，坚决克服事事求安稳、时时患得失、处处畏首尾的消极心态，不怕担风险、不怕担责任、不怕得罪人、不怕遭非议，勇于挑最重的担子、啃最硬的骨头、接最烫手的山芋，昂扬奋斗志，永葆精气神，对标对表争先进位。

要练就干事创业的本事。干事创业是需要足够的能力为底气的。要注重培养专业能力、专业精神，着力克服本领恐慌、本领落后的问题，主动到基层一线和急难险重工作中去摔打、去接地气、去墩墩苗，在干事中增长本事、在历练中变老练。

要主动担当作为出实效。不管是想干会干还是能干，最后都要靠实绩来检验，要树立正确的政绩观，拿出领头雁的果敢、拓荒牛的劲头、下山虎的气势、千里马的恒心，开拓进取、善谋勇为，真干实干、干出实绩，将美好蓝图化为现实。

十七、善于和敢于突破难点

难点就是问题难以解决之处，往往也是成事的关键。领导工作本质上是发现问题、研究问题、解决问题。如果遇见困难绕着走，遇到难点就打退堂鼓，看见风险就挂免战牌，那不只会坏了风气、丢了形象，更重要的是阻碍个人成长、事业发展。敢于突破难点的领导干部，无不思想解放、思路开阔，善于结合实际创造性地开展工作，善于抓住关键环节取得实质性突破。领导干部要有严肃的科学态度和脚踏实地的务实作风，面对难点有破解思路、有解决办法。

要抓住重点找准症结。难点研究得越透彻，解决起来就越有针对性。研究难点不能“上下一般粗”，大而化之地搞“一刀切”“一锅煮”，要坚持具体问题具体分析，准确判断制约工作、需要突破的主要矛盾和关键环节，分清主流支流，透过现象看本质，撇开枝节抓根本，找准症结所在。

要不畏艰难迎难而上。解决难点痛点必然要触及各种矛盾，甚至会得罪人。敢不敢正视“最坏处”，会不会解决“最难处”，能不能争取“最好处”，既是对领导干部精神状态意志品质的实际检验，也是对责任、能力的综合考验。要强化责任意识带头精神，干事不避事、担当不塞责，面对难点痛点敢于挺身而出、迎难而上。

要对症下药标本兼治。找准症结、正视难点，最终的目的是解决问题。要始终以问题为牵引，坚持共性问题和个性问题同时发力，坚持治标和治本协同推进，有什么问题就解决什么问题、什么问题突出就着重解决什么问题，决不敷衍了事、上交矛盾；决不纸上谈兵、夸夸其谈；决不搞鸵鸟政策、选择性“失明”，将小事拖大，大事拖炸。

十八、自信而不自负

自信是一个人基本的自我肯定，是建立在自我正确认知基础上的、对自己实力的正确估计和积极肯定，是自我意识的重要成分，是心理健康的表现。自信是成功的关键，往往能让人迎难而上、战胜困难，最终取得胜利。但是，自信过了头，就容易变成自负，总是以为自己的想法最正确、自己的做法最科学、自己的本事最大，听不进他人的意见。自负往往是失败的开始。拿破仑因自负大肆发动侵略战争，最后滑铁卢战役失败被流放。自信是成功的起步，自负是成功的止步。领导干部要成大事创大业，必须自信而不自负。

要有自知之明不妄自菲薄。必须正确认识自己，了解自己具备什么水平、知识广度和宽度如何、具有哪些专长，哪些事情自己能够做、哪些事情自己做不了，既不过高看待自己的长处和成绩，也不贬低自己的能力，始终明白自己的优缺点，始终有自知之明。

要接地气才能更有底气。自信源自实践学习，要深入基层摔打锤炼，历经风雨，坚持不断丰富工作和生活阅历，特别要在情况复杂、边远山区不断摸爬滚打，让自己“百炼成钢”，遇事不慌、处变不惊，对实际情况的了解和掌握烂熟于心，凡事心中有数、轻松应对，自信必然慢慢累积。

要“吾日三省吾身”。时刻自重自省，经常反省反思，知道自己在哪里，明白将要向何处，善于听取不同意见，掌握分寸，不逾纪不越轨，始终保持在正常轨道上。

十九、既要拿得起，又要放得下

拿得起就是想做什么事情就敢于去做、有能力去做；放得下就是做事知道变通，该放手时就放手。拿得起放得下是一种能力、一种勇气，更是一种胸襟，有“行至水穷处，坐看云起时”的从容淡定，也有“闲看庭前花开花落”的荣辱不惊。有的人拿不起，也就无所谓放得下；有的人拿得起，却放不下。拿不起，就会庸庸碌碌；放不下，就会疲惫不堪。曼德拉曾被关押 27 年，受尽磨难，他就任总统后说：“自己若不能把悲痛与怨恨留在身后，那么我仍在狱中。”领导干部既要拿得起，冲锋在前；又要放得下，静心淡定，能屈能伸，知进知退，得之淡然、失之泰然。

要勇挑重担，在奋斗中彰显人生价值。不管工作或是生活，不敢担当不敢负责，每天“混日子”，最终后悔的是自己。要平时能够看得出来、关键时刻站得出来，昂扬奋斗之志，把职责扛在肩上，把任务抓在手上，勇于涉足别人未曾涉足的“盲区”，对复杂问题和棘手问题，积极想对策、找方法，以担当务实的作风，把美好蓝图变为现实。

要看淡得失，不以物喜不以己悲。面对升迁、表彰、任免等名利的冲击，要保持清醒的头脑、健康的心态，以平和之心对名、以淡泊之心对位、以知足之心对利、以敬畏之心对权，切莫争名夺利，成为名利的奴隶和牺牲品。

二十、高标处世，低调做人

高标处世就是坚持处世的高标准，坚守做人的原则和节操。低调做人就是谦虚谨慎，不炫耀招摇，不矫揉造作，学会藏拙但不虚伪。人一生中能够确立自身根基的事不外乎两件：一件是做人，一件是处世。纵览古今，最能保全自己、发展自己和成就自己的人生之道便是高标处世、低调做人。越是低调做人者，往往越能成就大事；越是功成名就者，往往越是低调做人的典范。一个成熟的领导干部，应把高标处世和低调做人很好地结合起来，并运用纯熟，相得益彰。

处世做事高标准严要求。要始终保持高尚的风格，堂堂正正、光明磊落，清清白白、干干净净，兢兢业业干事、踏踏实实履职，任劳任怨、埋头苦干。要公道正派，甘于奉献，以身作则，把纪律和规矩挺在前面，筑牢思想防线，秉公处事。

低调做人甘当学生不自大。饱满的穗子总是低着头，哗众取宠只会招致人们的反感。做人低调是人生一大智慧，水低成海，人低调同样能成就一番事业。要自觉把对上级的谦逊作为本分，对下级的谦逊作为典范，对所有人的谦抑作为追求境界。厚植“拜人民为师”的底色，带着求知渴望问政于民、问需于民、问策于民，主动放下架子、俯下身子向智者取经，以低调谦恭的姿态求得解决问题的办法。

二十一、吃亏是福，贪利是祸

吃亏，不是软弱，不是无能，是一种磨砺担当的体现，是一种大无畏的奉献。我们党之所以能从小到大、从弱到强，得到全国人民的拥戴，就是因为当个人利益与集体利益、个人安危与祖国需要发生矛盾时，有千千万万个肯“吃亏”、愿“吃亏”的党员干部挺身而出。贪利是吃亏的对立面，就是爱占便宜，为蝇头小利不顾其他。有些领导干部生怕吃亏上当，凡事都爱计较，工作上拈轻怕重、挑肥拣瘦；而面对利益时，却常与人争来夺去，即使是一些蝇头小利，也要争得面红耳赤，毫无政德可言。无论做人做事做官，必须永远记住吃亏是福、贪欲是祸。作为领导干部，要克服怕吃亏心理、克服贪欲，树立正确名利观。

要肯吃亏。实践证明，干得多，经验积累就多，认知层次就深，能力提升就快。拈轻怕重、贪图安逸只会令自己变得庸碌无能。甘愿吃亏的干部，往往能体现出一种高尚境界，具有强大的人格魅力，展示一种积极的人生态度，这样的干部，往往能换得很多“福气”，得到领导的肯定，换来群众的满意，取得自己的进步。

要不贪利。做到不贪小便宜、不图小利益，谨小慎微履职责。从拒绝一条烟、一瓶酒、一张卡、一顿饭的“小意思”做起，牢牢把握住自己，坚守住防线和“小节”，做一个不为小恶、不贪小便宜、多为小善的好干部，防止因贪利得祸。

二十二、求同存异，谋求最大公约数

求同存异，就是在矛盾中找出共同点，保留不同点；讲的是不因个别分歧而影响主要方面，求得一致，是处理人与人之间、个人与群体之间、民族与民族之间、国家与国家之间关系的基本准则。“同”和“异”的存在都是客观的、必要的，求同和存异密切联系、辩证统一。“同”是基础，“存异”是为了更好地“求同”，“存异”的前提是“异”无损于“同”，有助于“求同”。做到求同存异，才能搞好团结，才可以保证大家的共同利益得到实现，取得“最大公约数”，调动大家的积极性。

求同存异是一种领导智慧，对提高领导水平和领导艺术、顺利完成工作任务有十分重要的意义，领导干部必须树立求同存异的理念。

要把握好求大同这个前提。求大同，必须不存原则之异，对那些侵蚀党的思想基础、破坏党的团结和集中统一、损害党的形象、影响党和人民事业的错误言行和偏激思想，必须旗帜鲜明地反对和抵制。在此基础上，在矛盾中求同，在斗争中求同，先把双方的不同立场说清楚，然后尽力找共同点，凝聚一起前进的力量，最终实现共赢。

在求得大同的基础上，可以存小异。求同不意味着消灭个性，而是要承认区别，这符合唯物辩证法，也是领导干部的胸怀、格局的体现。工作生活中要允许有小异的存在，允许有不同意见，允许保留自己的见解，不纠结小问题。大事讲原则，小事讲风格，这样有利于增强凝聚力、战斗力，团结一切可以团结的力量干事创业。

二十三、小智治事，中智治人，大智治制

小智慧是解决事的问题，中智慧是解决人的问题，大智慧是解决制度的问题，其中蕴含的基本逻辑是：制度引导人，人按制度做事。经济社会发展，最终依靠的是一个个人做好本职工作。因此要建立科学完善的机制体制，确保事随人定、人按

制走。这个递进的关系，也和干部的成长规律契合，先掌握干事、解决问题的小智慧，通过实践学习摸索出管理人的中智慧，进而掌握以制度管人管事的大智慧。领导干部如果陷入事务主义，头痛医头脚痛医脚，纠结于各种人际关系之中，只会降低工作效率，甚至互相埋怨。关键是要立规矩、讲规矩、守规矩，健全完善法律法规，提供根本性、全局性、长期性的制度支撑，形成以制度管人管事的良好局面。

要把权力关进制度的笼子。要充分认识到制度治党是全面从严治党的题中应有之义。以党章为根本的党内法规，以宪法为根本的法律体系，为中国共产党领航中国不断取得一个又一个胜利提供了有力的制度保障。领导干部责任重如泰山，有权必然有责，失责必须追究，必须构建科学有效的权力运行制约和监督体系，让人民监督权力，让权力在阳光下运行。

要持续深入推动制度变革。制度建设具有管根本、管全局、管长远的作用。要深入推进制度建设，既要立足奋斗目标，为决胜全面建成小康社会提供保障，又要注重解决事关长远的体制机制问题，打基础、立支柱、定架构，形成更加完善完备的制度，坚持用制度创新、制度建设来推进国家治理体系和治理能力现代化。

二十四、处事当明察，谋事应远虑

明察就是能够观察入微，洞彻事情的来龙去脉，不受蒙蔽。远虑就是能够从长远来考虑和谋划工作，具备较强的超前意识。当领导干部，明察秋毫和深谋远虑是必备素质。现实中，人们常用“水至清则无鱼，人至察则无徒”来劝诫睁一只眼闭一只眼、差不多就行了、不必过于较真，以致有的领导干部面对矛盾问题当“清”不“清”，面对是非对错当“察”不“察”，成了“老好人”“糊涂官”。俗话说，人无远虑，必有近忧。领导干部只关注现在还不够，还必须放眼长远谋划工作、谋划发展，如果鼠目寸光，片面强调本部门、本单位眼前的利益，算小账、不算大账，算眼前账、不算长远账，算局部账、不算整体账，就难以真正打开工作局面，即使能见一时成效也不会长远。

要有明察秋毫的本事。摒弃唯心的先验论，坚持唯物的反映论，对事物进行多视角、多层面和多方位的立体观察、透视甄别、切片化验、会诊辨析，不断提高分析研判能力，这样才能看得清晰、真切、透彻，才不会被假象迷惑。对一些复杂的事物，要学会用众眼、集众智，力争看得准、看得深、看得实。

要有登高望远的谋略。树立大局观念、全局意识，培养战略眼光，跳出自身看自身，立足当下放眼长远，正确认识世情、国情、党情和本地的实情，把工作放到长远中去谋划，放到大局中去思考和定位，从而找准差距、审时度势、争取主动，决不能一叶障目不见泰山、只见树木不见森林。

二十五、掌握特点，把握规律

特点就是指事物本身所具有的特别之处。任何事物都有其自身与众不同的特性，也就是个性。但无论事物如何复杂、如何变化，其背后都存在着必然的内在联系和发展趋势，这就是规律，也可以称之为共性。规律具有稳定性、重复性、普遍性和客观性，我们不能任意创造和改变它，但可以认识和利用它来改造自然、改造社会、造福人类。实践证明，善于掌握特点、把握规律，才能认识事物发展的轨迹和趋势，形成分析问题、解决问题的思路举措，否则就是盲目推进、不得要领，可能会四处碰壁，甚至事与愿违。

要掌握个性，坚持具体问题具体分析。世界上没有两片完全相同的叶子，要正视每一个职务、每一个岗位、每一项工作的个体性、特殊性、差异性，以高度的责任感和严谨的工作态度，一切从实际出发，认真对待、全面分析，合理施策、分类指导，有针对性地把每一个问题解决好，把每一项工作落实好。

要把握共性，坚持按客观规律办事。一般来说，特点认清了，规律就比较容易把握。千变万变，但万变不离其宗。

千万不能凌驾于客观规律之上拍脑袋决策，否则就要栽跟头、吃苦头，造成损失。要善于对感性材料进行分析综合，去粗取精、去伪存真、由表及里，使认识由感性上升到理性，增强认识规律、把握规律的能力，提高运用规律的水平，从而增强工作的原则性、系统性、预见性、创造性。

二十六、慎学所学、学而必思、融会贯通

慎学，就是要注重围绕提高自身能力素质，结合工作需要和自身短板，有选择性地进行学习，不可不加甄别、捡到篮里都是菜。当今时代，各种思想相互激荡、各种文化相互交融、各种观念相互碰撞，如果不慎学，就容易越学思想越混乱，还有可能误入歧途。思考是对学习的升华，就好比酿酒，只装进原料，没有发酵的过程，是永远也造不出美酒来的。如果只学习不思考，就会被知识的表象所蒙蔽，成为被知识掌控的“书呆子”、读死书的“两脚书橱”。领导干部只有慎学、学思结合，才能融会贯通，在复杂环境中保持清醒头脑。

要学习掌握马克思主义这一看家本领。系统地学习马克思主义科学理论，特别要学深悟透习近平新时代中国特色社会主义思想，切实改造主观世界，坚守马克思主义信仰，坚定共产主义理想，牢记党的宗旨，切实解决好“总开关”问题，不断坚定“四个自信”，始终保持理论上的清醒。

要打造又博又专和推陈出新的素养结构。既要有针对性地学习本领域本行业的专业知识，又要切实提升履行岗位职责所需的专业技能，还要适当花时间学习其他方面的科学文化知识，注重将学习提升与实践锻炼有机结合，在研究状态下学习工作，打通工作、学习的“任督二脉”，使自己真正成为行家里手、内行领导。

要把思考贯穿学习始终。保持善思明辨的态度，带着思考学、带着问题学，在思考中融会贯通，准确把握理论精髓和上级精神，准确把握工作规律，提出办法措施，把学习成果体现到主观世界的改造上，体现到能力素质的提高上，体现到工作能力和工作成效的提升上。

二十七、多一些道，少一些术

道是中国古代哲学的基本范畴，包含天道、地道、人道等，就是天道法则和自然规律，是世间万事万物的本原和运行轨迹，道生天地万物。术则是指做人做事的具体方法。道是术的基础，术是道的表现，道为上、术为下，道为本、术为末，道是思想、术是方法，道术合二为一才是正道。古话讲：“有道无术，术尚可求也。有术无道，止于术。”意思是说，掌握了事物发展的内在规律，即使不熟悉方法，也可以学会并不断优化；但如果只掌握了一些具体方法却不了解内在规律，知其然不知其所以然，那么仅靠方式方法是行不通的。最有价值的道理其实是最朴素的道理，掌握并顺应规律做事的人才能取得成功，违背规律行事，终将以失败告终。

多在道上下功夫，涵养“大气象”。对领导干部而言，“道”不仅是立身之本、为官之基，而且是治世之策。要学会观察思考，提高洞悉事物发展规律的能力，做到“明道”“守道”“弘道”，涵养领导干部身上应该有的超脱精神、豁达气度和宽阔心胸，做到工作上得心应手、事半功倍、善作善成。

少在术上花心思，增长“大智慧”。自作聪明终究会聪明反被聪明误。一定要想办法多一些大智慧、少一些小聪明。要寻找登高望远的思想阶梯，在实践中检验和提高自己，培养战略眼光、形成战略思维，不断悟出为官从政之道、事物发展之道，善于谋大计、抓根本、顾大局，做一个大智若愚、坦坦荡荡的人，决不能搞“小聪明”“小九九”、打“小算盘”，那样只会“偷鸡不成反蚀把米”。

二十八、既要量力而行，更要尽力而为

量力而行，表现为实事求是的态度，凡事都需要从自身实际情况出发，不能好高骛远；尽力而为，重点是把力用好、用足，实现效果最大、最优，凡事都需要尽力而为的心态，才能

正确对待，取得成功。量力而行是基础、尽力而为是保障，量力而行是科学的方法、尽力而为是负责的态度，两者相辅相成。干事创业、改革发展都必须既尊重客观、量力而行，又主动进取、尽力而为。脱离实际瞎干蛮干要不得，“宁走一步险，不走十步远”也要不得。量力而行与尽力而为是党在革命、建设、改革历史进程中的重要方法论，进入新时代，领导干部既要尊重科学也要满怀气魄，既要量力而行更要尽力而为，在量力的基础上更尽心、更尽力。

要有几年干好一件事情的恒心韧劲。坚持实事求是、审慎笃实，一桩事情接着一桩事情办、一年接着一年干，有多大能力就办多大事情，决不能急于求成。对任期内能完成的工作，要踏踏实实干好，不留遗憾；对任期内不能完成的工作，要有“功成不必在我”的胸襟，扎扎实实为下一任打好基础、做好铺垫。

要有一年干好几件事情的决心干劲。坚定必胜的信心，以舍我其谁的担当，比学赶超、奋勇争先，撸起袖子加油干，以过五关斩六将的气势，用尽一切力量、倾尽一切才智，全力以赴达成目标，凡事尽最大的努力、争取最好的结果、留下最小的遗憾。而不能干一年、两年、三年还是涛声依旧，每年都是重复昨天的故事。

二十九、提纲挈领，纲举目张

古语讲：“提纲而众目张，振领而群毛理。”意思就是说撒渔网要抓住总绳才撒得开，鉴定裘服要提起衣领才看得清。这告诉我们，抓住事物的关键，就可以以点带面，实现全面发展。任何事物都可以分出主要矛盾、次要矛盾和矛盾的主要方面、次要方面。领导干部每天都要面对纷繁复杂的工作，如果事必躬亲，不仅自己忙得不可开交，还可能延误重要工作，甚至挫伤下属的积极性、主动性；如果平均用力，往往会抓不住重点，找不到关键。“得其大者可以兼其小。”时时处处“拎得清”最重要。领导干部要善于抓本质抓重点抓关键，切实做到打鼓打到重心处、工作抓到要害上。

要把好大方向。只要方向不偏，结果一般就不会坏。要树立正确的方向意识，坚定政治方向，端正价值取向，顺应民心所向，抵制不良倾向，在重大决策上发挥关键作用，严防政治观倾斜、群众观偏离、权力观扭曲、政绩观走样。

要牵住“牛鼻子”。抓住主要矛盾，把重要的事情抓在自己手上，突出工作重点，合理布局工作力量，既抓重要领域、重要任务、重要试点，又抓关键主体、关键环节、关键节点，集中力量保重点，以重点带动一般，不搞层层转包、层层委托，避免工作逐步衰减。

要管控好全过程。重要的事情不可只问结果不管过程。

强化问题导向、过程导向、目标导向和效果导向，多运用“求解性思维”，注重“点面”结合、“上下”结合，既分任务、又抓落实，往实里做，往实效处做，使工作真正落地见效。

三十、先软后硬更主动

软与硬原本指物体的坚韧程度，是矛盾的两个方面。我们常把“软”和“硬”衍生用来形容领导干部为人处世和工作生活所持有的态度、立场和素质。软，就是策略上灵活、作风上民主和待人上谦和；硬，就是原则上坚定、决策上果敢、行动上坚决。硬可壮威，软可致远；硬能提效，软能保稳。这就要求领导干部必须正确处理好“硬”与“软”的关系，做到硬中兼软、软中有硬、软硬兼施。这当中，先软后硬尤为重要，采取这种方法更能够营造良好的干事环境，更能够牢牢掌握工作主动权，体现的是一种高超的领导艺术和卓越的领导智慧。

先责己后责人。做到待人宽、责己严，遇到问题时，要设身处地替别人着想，善意对待别人的缺点和错误，先找自身的原因，再找别人的原因，责怪别人之前，自己先主动承担，搞好与下属之间的团结合作。千万不能好像与自己没有关系一样，一味地责怪别人。

先对事后对人。面对已经出现的问题，首先要把问题的来龙去脉搞清楚，提出解决问题的方案，然后对事情本身进行深入分析，找出问题产生的更深层次原因。坚持“惩前毖后，治病救人”的原则，对事的同时也要对人，让别人明白错在何处、找准改进方向，感受到自己的良苦用心。

先肯定后批评。无论什么人，受激励而改过，是很容易的，受责骂而改过，却是很困难的。在指出别人的不足之前，先肯定别人的长处和成绩再指出存在的问题，这种“先礼后兵”的做法，既体现了人情味，又严格按原则办，也更容易让别人接受。

三十一、依势而谋，应势而动，顺势而为

“势”就是还没有出现、将要出现的形状及趋向，是事物发展的规律，是一种潮流，是我们面临的形势。相对于当时当下已经呈现的具体实在的“形”来说，看“势”比较难，需要一定的水平。“世界潮流浩浩荡荡，顺之者昌，逆之者亡。”顺势而为，如同顺水推舟，自然省时省力、事半功倍；逆势而动，则如逆水行舟，劳神费心，往往不进反退。一些领导干部之所以工作迟迟打不开局面、干不成事，根源就在于看不清“势”，仅凭主观意愿一意孤行、逆势而为。“明者因时而变，知者随事而制。”从事领导工作，只有善于审时度势、依势而谋，应势而动、顺势而为，才能事半功倍，才会有所作为。

要把握历史趋势。准确把握历史发展规律和世情国情党

情深刻变化，自觉把党和人民的事业放到历史长河和全球视野中去谋划，知道从哪里来、现在所处的历史方位、要往哪个方向走，对过去有清醒深刻的认识，对未来有全面客观的分析和预测。

要把握当前形势。充分了解、主动适应当前形势，立足当下，知变、应变，找准努力方向，增强现实紧迫感，迎头赶上，在时代巨变中抢占先机、搭上“快车”，冲在前、争作为。

要把握天然优势。尺有所短、寸有所长，每个地方都有自己独特的优势。要善于发现、发掘本地区本单位的资源禀赋、人文遗产、传统文化等天然优势，扬长避短，将区位和资源优势转变为发展优势，努力推动实现最好最快的发展。

要把握民心走势。民心是最大的政治，人民对美好生活的向往就是我们的奋斗目标。既要引导好也要主动顺应这个走势，了解群众所需所求，多为人民群众办实事、办好事，不断赢得人民群众的衷心拥护和支持。

三十二、大处着眼，小处着手

“大处着眼，小处着手”，指的是领导干部既要从全局长远观点出发去考虑主要的、关键的问题，又要能够在细节处把具体事情做好。大处着眼解决的是战略问题，强调在工作中要善于对事关全局的重大问题进行战略思考；小处着手解决的是战术问题，要求在工作落实上要善于从局部和当前入手，研究和解决具体实际问题。如果仅从大处着眼而不能从小处着手，就会变成好高骛远、眼高手低，既定的目标就会变成镜中花、水中月；反之，就是胸无全局、目无全牛，容易陷入见子打子的事务主义。大处着眼是“世界观”，小处着手是“方法论”，凡事只有从“大”和“小”两个方面去谋划，做到大事很清楚、小事不糊涂，既抬头看路又低头拉车，才能把事做成、做好。

要有深谋远虑、总揽全局的眼界。树立全局思想和大局观念，自觉把本地区本单位的工作放到党和国家工作大局中来进行科学思考、谋划和定位，从中央大政方针中看清方向，透过局部识全局，自觉服从大局、有效服务大局，善于从全局长远的战略高度来分析和解决问题，确保工作方向不偏、工作思路正确。

要有注重细节、步步为营的态度。在认识到位的基础上，要善于从小处着手，从微观处着手，列出时间表、挂出作战图、明确任务书，长计划、短安排，把工作任务分解为一件件小事、一个个阶段性的具体目标，发扬钉钉子精神，干小事成大事，积小胜为大胜，以局部进展推动全局工作，不断提高领导成效。

三十三、大道至简，善于以简单应对复杂

大道至简，出自老子的《道德经》，是指大道理往往是极其简单的，简单到一两句话就能说明白，越是博大精深的道理越是简单而朴素。因此，古人才说：“真传一句话，假传万卷书；大道至简，悟在天成。”把复杂问题简单化，是一种世事洞明的学问和睿智。奉行了简单的准则，就会摆脱错综复杂的生活，步入返璞归真的人生境界。愚蠢的人常常把简单的事情搞复杂，而聪明的人往往能够把复杂的事情搞简单。从事领导工作，就要复杂的事情简单做、用心做，做到行事简洁、作风简朴、理念简约。

要善用简单的方式。无论是安排部署推进工作，还是讲话发言，都要有“断舍离”精神，删繁就简，突出重点、抓住难点、把握要点，少一点折腾，不层层加码，把有限的时间精力用在刀刃上。要分清轻重缓急，从纷繁复杂的表象中抓住本质，寻找突破口，找准切入点，重点突破。要见微知著、由浅入深、由表及里，从政治的高度、大局的高度观察、思考和判断问题。

要追求简单的生活。简单生活是幸福密码、明智选择。“广厦千间，夜眠仅需六尺；家财万贯，日食不过三餐。”太过追求生活的精致甚至奢华，必然会分散太多的时间精力，就无法专心致志学习工作。要弘扬简朴务实的优良作风，少一点追

名逐利，多一点静心淡泊，不搞特殊、不讲排场、不图奢华，自觉净化朋友圈，注重品格、崇尚节俭、清白传家。

三十四、把握好原则性和灵活性的统一

原则是说话做事所依据的法则、标准及事物的规律性；而灵活是指在不违背原则的前提下，采取合适的方式方法处理问题。没有原则的领导者，会成为迷失方向、没有底线的随风倒者，容易偏离正轨、误入歧途；不懂灵活变通的领导者，容易成为僵化的机械主义者，脱离现实、走入死胡同。原则性和灵活性二者缺一都很难把工作做好。毛泽东同志曾指出，“我们的原则性是必须坚定的，我们也要有为了实现原则性的一切许可的和必需的灵活性。”他赞赏邓小平是“既有原则性，又有灵活性”的典范。邓小平同志所倡导的坚持四项基本原则是原则性，改革开放就是灵活性；坚持一个中国是原则性，实行“一国两制”就是灵活性，彰显了其高度的政治智慧和勇气。领导干部要努力使原则性与灵活性相得益彰、兼而有之、运用自如，不断提高领导艺术和领导能力。

要合情合理做事，学会“在方框里画圆”。原则是“方”，灵活是“圆”，原则性和灵活性相统一就是要会在方框里画圆。领导干部并非不食人间烟火，也不是无情无义，坚持原则也不是要“存天理，灭人欲”。在处理人际关系上要既有

人情味又按原则办，对己清正、对人公正、对内严格、对外平等，不以感情代替政策，不拿原则换取人情，在原则范围内通情达义、情理兼顾。

不好选择时，坚持原则是最好的选择。领导干部在实际工作中面临左右为难、进退维谷、难以两全是常有的事。虽然坚持原则会得罪人，但维护的是公平正义，只要长期坚持就不会得罪人。坚持原则、按政策规章办，是面临选择时尤其是不好选择时最好的选择，也是唯一的选择。

三十五、举重若轻与举轻若重都应有

举重若轻，通常用来比喻能力强，能够轻松地胜任繁重的工作或处理困难的问题。举轻若重则比喻做简单的事也很认真，周密谨慎、注重细节、尽善尽美。“举重若轻”与“举轻若重”两者谁优谁劣，并无标准答案，要具体问题具体分析。优秀的领导干部两者应兼具。倘若不结合实际，往往就会走入误区，要么粗心大意，凡事无所谓，跌倒在小事上；要么不分巨细，一味将简单问题复杂化，浪费时间精力，影响工作效率。领导干部既要有举重若轻的“打铁功夫”，也要有举轻若重的“绣花能力”。

要有明辨“轻重”的眼界。看准什么是要果断决策的大事，什么是须谨慎部署的要事，“举重”则临危不乱、笑对难关，学会“踱方步”，练就毛泽东同志“敌军围困万千重，我自岿然不动”的精气神来，重重拿起轻轻放下；“举轻”则多一些“于细微之处见精神”的态度，以强烈的责任感把工作落细落实，确保万无一失。

要有拿捏“轻重”的能力。要能举重若轻，前提是要有“举重”的实力；要想举轻若重，也须拿出细心、耐心和责任心。领导干部善于学习实践和积累，应对问题才能游刃有余；同时还要处事周密，吃得了苦，耐得住寂寞，把繁杂公务井井有条地办结，追求质量，既要有选择的能力更要有应对的实力。

要有权衡“轻重”的尺度。一些人走入误区往往不是不能区分轻重、主次，而是栽在了过度自信或是过度谨慎。过度自信，往往会“大意失荆州”“阴沟里翻船”；同样，“事无巨细，事必躬亲”，纵然浑身是铁，也打不了几根钉。要学会分工授权，分压担子，小事快速了结即可，切莫画蛇添足。

三十六、形式主义绝对不是什么好主义

世上的事物都会以一定的形式表现出来。形式是内容的载体，必要的形式有时是需要的。但如果只注重形式，不注重本质和内容，把形式本身看成结果，热衷于追求形式，那就把形式的作用夸大到不恰当的地步，堕落成形式主义了。毛泽东同志曾指出，形式主义害死人，实在是一种最低级、最幼稚、最

庸俗的方法。形式主义花样繁多，归结起来就是“虚”字当头、“形”字挂帅、“假大空”横行。其本质是通过一系列表面功夫得到上级的赞许和提拔，与党的思想路线和群众路线背道而驰。形式主义是“四风”之首，搞形式主义的人必然搞官僚主义，形式主义和官僚主义加在一起，享乐主义和奢靡之风就不可避免。如果不毁掉形式主义，就会被形式主义毁掉，所以说形式主义绝对不是什么好主义。

要用求真务实的作风反对形式主义。厚植“求真务实”的红色基因，树立正确的权力观和政绩观，做到对上负责与对下负责相统一、抓工作与求实效相统一，把心思和功夫用在解决实际问题上，使工作扎扎实实得到开展，坚决不能用形式主义反对形式主义。

要清理检查考核中的形式主义。建立科学完善的考核评价机制，是消除形式主义的重要保证。要科学改进检查方式，大胆改进政绩考核机制，少一些座谈汇报、“纸上阅兵”，多一些田间地头、墙根炕头，发挥检查考核导向作用，引导干部在实绩上竞争。

要以正确用人导向铲除形式主义土壤。正确的选人用人导向是杜绝形式主义的根本。只有从实处着眼、用实干考量、凭实绩说话，让形式主义尝不到“甜头”、捞不着“彩头”，才能彻底铲除形式主义滋生蔓延的“土壤”。

三十七、思维定广度，理念定高度，智能定深度

思维是指人用头脑进行逻辑推导的能力和过程。理念通常是指看法、思想，是思维活动的结果。智能是人的智慧和行动能力的总称。只有思维，没有理念，是不着边际的“胡思乱想”，容易陷入人云亦云、随波逐流的窘境，无法形成自己的观点和独到见解；没有思维、不做思考，只讲理念，也是一种固执己见的狭隘，毫无宽度可言；智能与思维、理念二者间相互依存、相互促进，没有智能一切为零，而有智能没思维和理念，智能是肤浅的，甚至是呆板无用的。做好领导工作，三者缺一不可。

要勤思善辨，扩宽思维广度。要养成勤思善思的习惯，学习掌握运用战略思维、创新思维、辩证思维、法治思维、底线思维等科学思维方法，充分发挥主观能动性，多维度、多角度思考问题、发现问题、分析问题，提升思维能力。

要勤学善悟，提升理念高度。要用心用力，仔细钻研，广泛涉猎，形成完备的知识体系，从源头打牢理念基础，把思考的结果、实践的认知，提升到理念、理性、理论的高度，产生质的飞跃，不盲从、不逐流，努力形成自己的理念方法、思想建树。

要勤动脑善动手，实现智能的深度。好比说到椅子，思维的广度让你联想到桌子、家具，理念的高度让你知道椅子

的构造，而智能的深度则能把思维、理念两者转化为智慧，加上行动的能力，制作出椅子。在这一过程中，思维理念也会随之更具科学性、有效力。要提升自身智能，就要勤于动脑、善于动手。

三十八、做好“结合”这篇大文章

结合是指两个以上的事物有机融为一体，相互影响、相互促进的过程。世界上一切事物都处于普遍联系之中，必须用联系的观点看问题，时刻注意此事物与彼事物的联系，做好“结合”这篇大文章，才能克服极端化、片面化倾向，提高领导工作科学性。然而仍然有些领导干部上面讲啥他讲啥，习惯于做“传话筒”“传令兵”，提不出新思路，闯不出新路子；有的不屑于借鉴他人经验，关起门来搞发展，或是片面理解“一切从实际出发”，强调当地情况不同而不贯彻落实上级精神，让好的政策落空。无数事实反复证明，什么时候我们结合实际，我们的工作就能开展顺利、取得实效；什么时候我们背离实际，我们的工作就要遇到挫折、走弯路。领导干部一定要学会结合、善于结合，充分考虑各项举措之间的关联性、耦合性，协调好各方面关系，使决策“一子落下，满盘皆活”。

要做好上下结合。坚定不移、不折不扣地贯彻落实党的方针政策，是对每一个领导干部的基本政治要求。但各地情况千差万别，必须吃透“上情”、把握“下情”，切实把上级的普遍性与本地、本部门的特殊性结合起来，找准结合点，具体问题具体分析，积极研究贯彻的可行性，实事求是地寻找方法、解决问题、实现发展。

要做好左右结合。既要立足当地，发挥首创精神，创造性地开展工作，形成具有本地特色、本地经验的工作成果，又要注重学习借鉴他人经验，取人之长为我所用，实现弯道超车、跨越发展。

要做好前后结合。承前才能启后，继往才能开来。熟悉本地方、本单位的历史和现实情况，尊重事物客观发展规律，切忌超越实际的大干快上，同时又要了解掌握未来发展方向，提前布局，注重引入一些新理念、新方法、新思路，实现历史、现实和未来的良性互动。

三十九、世界上唯一不变的就是变化

变化，是指事物在形态上或本质上产生新的状况。“变者，天下之公理也。”唯物辩证法认为，一切事物都处在永不停息的运动、变化和发展之中，整个世界就是一个无限变化和永恒发展的物质世界。时代在变、形势在变、万事万物都在变，可以说“变”贯穿一切，世上唯一不变的就是“变化”。领导工作也是一样，无时无刻不在面临新环境、新任务、新问题、新矛盾的出现，倘若因循守旧、墨守成规，面对变化无动于衷，就会错失解决问题和发展的机遇。面对纷繁复杂的种种变化，领导干部惟有因势而变、随势而动，与时俱进、创新发展，才能在不断变化发展的形势环境中变被动为主动，才能跟得上时代，不被日新月异的社会所抛弃和淘汰。

要敏于知变。发展是一个未来的“势”逐步变成当前的“形”的过程，要不断提高预测变化的能力，见微知著、未雨绸缪，当情势有变时，才能迅速反应，适应即将到来的大变化。

要善于应变。日常工作中，要深入调研，摸清情况，做到心中有数。面对一些突发事件时，要保持头脑清醒、立场坚定，审时度势、处变不惊，妥善面对变化、处理矛盾。如果领导干部遇事慌张、六神无主、乱了分寸，干部群众必然阵脚大乱、斗志全无。

要主动求变。既然变化不可避免，一味等待不如主动出击。要避免“小富即安、小进则满”的思想，勇于冲破陈腐观念的羁绊，敢于破除过时体制的束缚，闯出新路子、干出新事业。

四十、不卑不亢成常态

不卑不亢就是一个人说话办事有恰当分寸，既不低声下气，也不傲慢自大，一般用来形容一个人的风骨。古语讲：“真山真水堪游历，不卑不亢好做人。”不卑不亢是一种为人之道、处世哲学。然而当下，还是有领导干部官升一级，气焰就蹿高几尺，自认“老子天下第一”，对下属和群众颐指气使，却对上司顶礼膜拜、唯唯诺诺，这都是要不得的。做官一阵子、做人一辈子，要有良好的人品操守做底子。领导干部是普通人，但也不是普通人，一言一行对社会都具有重要的导向作用，必须时刻以不卑不亢的谦诚态度，把为官做人统一起来，不断完善人格、提升政德境界，做人才有骨气、做事才有硬气、做官才有正气。

身居高位也应保持一颗平常心。“非淡泊无以明志，非宁静无以致远。”要深刻认识到，脾气不好，是因为自己修养不够。官越大、权越重，越要淡泊名利、谦虚谨慎，讲奉献、讲觉悟、讲大局、讲境界，正确对待名利权威，自觉服从组织、服务人民，持平常心、做本分事，不贪权、不恋权，不官升脾气长，始终保持共产党员应有的本色。

处江湖之远也不卑躬屈膝。得一官不荣，失一官不辱。任何一个职务、任何一个岗位都是党和人民的需要，要正确看待个人进退留转和环境变迁，哪怕身处逆境，都要存骨气、讲正气，不攀龙附凤、不阿谀奉承，更不卑躬屈膝。“但行好事，莫问前程”，踏踏实实干事，是金子总会发光的。

四十一、幽默也是一种能力

幽默是以温和宽厚、不动声色的态度，用俏皮、诙谐、含蓄的语言，进行批评、赞美或自嘲。幽默是思想、才学和灵感的结晶，是一种文化的积淀，能使语言在瞬间闪现出耀眼的智慧火花，能使人消除紧张、减轻压力，更能避免尴尬化解矛盾，创造快乐祥和的气氛。古今中外，许多杰出政治家都是运用幽默艺术的大师。1929 年，毛泽东同志在为红四军干部制定的《教授法》就明确规定：“说话要有趣味。”凡是与毛泽东交谈过的人，都为其幽默风趣的语言所折服。幽默也是一种能力。学会幽默、善于幽默，也能提高领导艺术、改进领导方法。尤其在处理和解决一些棘手问题时，辅之以适度的幽默，可能就会使工作的阻力大大减少，使问题的处理大为顺利。

幽默需要阳光心态。幽默是一种心态，只有心态积极乐观的人才能拥有幽默的能力。因为良好心态往往能给人带来朝气蓬勃、健康向上的精神状态，既能容人容事，又能发现快乐、创造快乐，为人幽默风趣；心态不好，则容易沉闷消极、郁郁寡欢，有时甚至开不得玩笑。

幽默需要亲和姿态。幽默是人际沟通的一种有效方式，是领导者真诚坦率、宽容大度、平易近人的具体体现。要摒弃高高在上、目中无人的“官老爷”形象，放下身段、放低身姿，讲幽默的话，用幽默管理方式营造一种轻松工作环境，进而增强领导班子团结，密切干群关系。

幽默需要把握好分寸。幽默不可滥用，既讲究场合，也讲究适度。要掌握幽默的技巧，懂得什么才是真正的幽默，从而把幽默用得恰到好处。绝不能把浅薄、低俗当幽默，否则就会失之于油滑、流里流气，令人憎恶，严重损害干部的庄重形象。

四十二、谦和是一种品德

谦和是指为人和蔼、谦虚不浮夸、低调不自满。谦和的人，拥有一心向善的素质、修养和心态，能宽容而又平等地对待一切。周文王谦和待人，终于请出了“飞熊”姜尚，兴周八百年；齐桓公谦和待人，拜相管仲终得良策，称霸诸侯；唐太宗谦和待人，才有了降将尉迟恭的忠心辅佐。领导者谦和待人，能让群贤毕至、受众人敬仰。反之，必将如周厉王、秦始皇、隋炀帝般在蛮横的暴政中自食其果，被众人唾弃。“己所不欲，勿施于人。”谦和既是领导干部的精神境界，更是行为规范、党性原则、工作作风，是政德的重要体现。决不可高高在上、自以为是，甚至凌驾于组织之上，搞“一言堂”，脱离群众搞特殊。

要与人为善不自大。“三人行必有我师焉。”要牢固树立群众观点，虚怀纳谏，主动放下架子向能者求教，主动俯下身子向智者取经，以谦恭的姿态择其善者而从之。

要戒骄戒躁不自满。甘为人梯、任劳任怨、勇于奉献，多想自己的问题和不足，多一些谦虚少一点骄横，多一些潜心实干少一点急功近利，持之以恒从小事小节上增强党性和道德修养。

要头脑清醒不自负。职务越高越要保持清醒的头脑，特别是取得成绩后，更要时时警醒，牢记“人外有人，天外有天”“事业发展没有完成时，只有进行时”，千万不能被成绩冲昏了头脑，骄傲自负，自食苦果。

四十三、豁达是一种修养

豁达就是心胸开阔、性格开朗、态度积极。豁达的人敞亮、通透，不会因为一次失败而耿耿于怀，也不会因为某次成功而沾沾自喜。豁达的人自身愉悦，别人愿与之交往。享年 101 岁的北京大学原校长马寅初，因其“新人口论”获罪革职后，却看不出颓废的迹象，数十年后儿子告诉他平反的喜讯，马老也只是“噢”了一声，体现了大师荣辱不惊、豁达大度的心态。凡事钻牛角尖、斤斤计较、耿耿于怀，不仅自己活着累，还会让周围的人避之不及。豁达的人能屈能伸、知进知退，经得起挫折失败；豁达的人不计较一城一地的得失，得之淡然、失之泰然，能成大事；豁达的人处事乐观，不以物喜、不以己悲，即使到了山穷水尽处，仍能眺见柳暗花明。但要做到豁达也不容易，考验干部的品质修为。

要看清自己，学会坦然面对。人贵有自知之明。对自己是什么样的人、能力有多强、能干多大的事，要有清醒正确的认识，万万不可把场面上的话当真，也不可错把平台当本事，更不能只看到自己的优势长处、看不到缺点和问题。要正确认识和运用党和人民赋予的权力。

要看轻名利，正确对待得失。干部成长有规律，有的进步快一些、有的慢一点，都很正常。特别是看到和自己年龄相仿、学历相当、资历相近的干部先提拔时，要正确对待。多与同志比学习、比工作、比实绩，不能比官职、比阔气、比待遇。

四十四、理性地对待“面子”

面子是指事物的表面，引申为体面和情面的意思。俗话说：“人活一张脸，树靠一层皮。”面子是需要的，因为它是个人形象、社会地位和人情关系的象征；但又不可过度追求，正所谓“死要面子活受罪”“图虚名得实祸”。国人历来是讲面子、好面子的，最典型的莫过于兵败之后觉得“无颜见江东父老”而自刎乌江的项羽；也有为了国家负荆请罪的廉颇，为了复仇卧薪尝胆的勾践，他们放弃面子，却最终赢得了胜利赢回了面子。面子用到对处，可以激励干部奋发图强、积极进取；用到坏处则会丧失立场，陷入违法乱纪的乱象中。面子是一把双刃剑，领导干部当树立正确的“面子观”，把“好面子”转化成干实事的前进动力。

有“里子”才会有“面子”。“里子”与“面子”存在着必然的因果联系，要想有“面子”，就得有好“里子”。领导干部的“里子”，就是要有政德、有政绩。领导干部的“面子”不是自己要来的，而是自己干出来的，就是要主动担责、认真履职，抓实干、求实效、创实绩，对国家有贡献，让社会有进步，人民群众得实惠，这才是切切实实的“面子”。

组织和群众的认可才是最大的“面子”。“金杯银杯不如群众的口碑”，只有人民群众的认可才是领导干部最大的“面子”。要时刻把党和群众放在心上，切实为党分忧、为民解忧，把官做淡、把事做精、把人做大，内外兼修、德才兼备，让组织放心、让群众满意，备受称赞、倍有“面子”。当然，在大是大非的问题上，涉及国家、民族、人格的面子，是非要不可的。

四十五、得意勿忘形，失意勿丧志

得意忘形，是指因目标得到实现而高兴得失去常态，陷入骄傲自满、忘乎所以的境地，结果往往乐极生悲，所以得意勿忘形。人生有得意就有失意，如果不能正视失意，就容易丧失斗志、自暴自弃。但“塞翁失马焉知非福”，所以失意勿丧志，从失意中也可以走向成功。“胜者不骄，败者不馁”说的就是得意勿忘形、失意勿丧志。习近平总书记强调：“要正确对待一时的成败得失，处优而不养尊，受挫而不短志，使顺境逆境都成为人生的财富而不是人生的包袱。”逆境只是增大了人们向理想、目标前进的难度，而不是剥夺了奋斗的权利和实现目标的可能性；顺境常常会让人骄傲自满、不思进取，逐渐放松对自己的要求。

身处顺境要头脑清醒。越是顺风顺水的时候，越要警惕乐极生悲、自以为是，越要见微知著、居安思危，既要看到成绩和机遇，也要及时洞察形势发展变化带来的风险，积极主动、未雨绸缪，下好先手棋、打好主动仗。

身处逆境要越挫越勇。“畏难苟安则难，知难而上则易。”当事业陷入低谷、工作遇到困难的时候，要不气馁、不言败，找出问题和差距，逐步改进提升，切不可被几次困难险阻挫志，一蹶不振或转换心思走歪路。

苦中要思进，乐中应思省。胜败乃兵家常事，没有永远的“常胜将军”，也没有人能随随便便成功，成功时要再接再厉，争取更好的成绩。不经历风雨怎能见彩虹？失败是成功之母，要敢于面对失败、正视失败，吸取教训，负重奋进，一件事不做则已，做必做到底，做到最后胜利。

四十六、合群而不同污

合群而不同污就是既要融入环境与他人合作共事，又严格遵守法律法规和自己的道德底线，不入别人的“大染缸”，做到“常在河边走，就是不湿鞋”。作为一个社会人，如果总是活在自己的内心世界，不与人“合群”，就会显得格格不入；但如果为了与人“合群”就自污、合污，背离原则和底线，也难免会近墨者黑，陷入泥潭和深渊。领导干部的合群而不同污，要自觉讲诚信、懂规矩、守纪律，襟怀坦白、言行一致，心存敬畏、手握戒尺，对党忠诚老实，对群众忠诚老实，做到台上台下一种表现，任何时候、任何情况下都不越界、不越轨。

要站稳立场坚定信念。只要心中有主义、有追求、有信仰，即使身处泥潭和污水，依然能够保持纯洁内心。要始终坚定共产主义理想和中国特色社会主义信念，不论何时都能辨清方向、站稳立场。做到以淡泊之心对“位”，以知足之心对“利”，以敬畏之心对“权”，不学坏样、不存侥幸，真正为民谋利。

要时刻自省坚守底线。社会是个大染缸，人在社会中，如同在染布，有人入百色而不着一色，有人却被染得五光十色，唯有时刻自省、及时修正才能保持本色。要经常扪心自问，善于识破表象、发现隐忧，从自以为是的优越感中警醒过来，严格约束手中的权力，不逾纪不越轨，自重、自省、自警、自励，不随波不逐流。

要敢于斗争积极治污。合群而不同污，并非“自扫门前雪，不管他人瓦上霜”，而是要有担当。要用好批评与自我批评这个利器，用好监督执纪的“四种形态”，抓早抓小、清污治污，勇当净化政治生态的啄木鸟、清道夫、净化器，让污垢无处可藏。

四十七、“逆耳忠言”与“顺耳忠言”

我们常说“忠言逆耳利于行”，忠言往往是真话、刺耳的话，说出来让人脸红，不好接受，却最有价值、最管用。能够虚心接受“逆耳忠言”的人有胸襟、有抱负，善于正视自己、完善自己。但忠言并非一定刺耳，换个表达的方式，动之以情、晓之以理，反而更容易让人接受，同样可以起到“说服”的作用，效果可能会更好。俗话说：“良言一句三冬暖，恶语伤人六月寒。”领导干部要准确把握对方心理，讲究说理的艺术，让人心服口服。

要有与人为善的动机。无论是逆耳忠言还是顺耳忠言，其目的在于帮助对方纠正学习、生活和工作中的缺点，都是为了帮助他人进步提高，而不是为了给人难堪、与人过不去。这样，即使方式简单了一些、态度粗暴了一些，只要从善良的愿望出发，本着认真负责的态度提出忠言、进行批评，别人当时不理解，但时间久了都会理解你、感激你。

要有实事求是的态度。是什么就说什么，有什么问题就解决什么问题，切不可添油加醋、夸大其词，也不可翻旧账、搞清算，更不能无中生有、乱扣帽子、乱打棍子。要通过摆事实、讲道理，让对方认识到自己确实错了，这样的忠言才既顺耳也管用。

要有对症下药的技巧。语言也是门艺术，是“响鼓也要重锤敲”还是“春风化雨润物无声”，要根据具体的情况而定，不能一味地刚硬或温柔。当然，不管采取何种批评方法，都必须牢记“惩前毖后，治病救人”的宗旨，都要坚持实事求是的态度，都要有利于人们改正缺点、完善自我。

四十八、“难得糊涂”与“保持清醒”

“难得糊涂”意在劝说人们不要在无关紧要的问题上过分认真、锱铢必较，以免纠缠不清、惹是生非，这是一种人生智慧，是看得开的表现。但是有些领导干部却刻意糊涂、明哲保身，对一些悬而不决、关乎群众切身利益的问题，大事化小，小事化了。搞无原则的一团和气，各方面关系处理得很好，但党和人民利益就被“糊里糊涂”地损害了。难得糊涂的本意是保持清醒前提下的糊涂，是大智若愚，不是真糊涂，而是大聪明。领导干部一定要善于处理好清醒与糊涂的关系，时刻保持清醒的头脑，充分发挥领导艺术，小事讲风格，大事讲原则。

保持清醒就要坚定目标。一个人要发展，首先要有正确的目标和明确的方向，并且沿着这个目标和方向不断前进。否则，就是稀里糊涂、浑浑噩噩、随波逐流。必须讲政治、懂政治，必须坚持正确的政治方向、政治立场和政治观点，必须具有很强的政治鉴别力和政治敏锐性，这样才能保持清醒、脚步坚定。

保持清醒就要公私分明。领导干部行使权力，必须公平公正、严肃认真、一丝不苟、尽职尽责，绝不能“糊涂”。当然，对于无关原则的小事，则可以“难得糊涂”，做到“小事糊涂，大事不糊涂”，有损于个人利益的事糊涂，有损于国家、人民利益的事不糊涂。

保持清醒就要反思反省。自省自警是领导干部加强党性修养的基本要求，也是防范“糊涂”最有效的武器。要在思想上行动上自觉地践行信念过硬、政治过硬、责任过硬、能力过硬、作风过硬，由他律到自律，不失之轻浮、不狂妄自大、不违反道德规范，以高尚的道德情操激励和鞭策自己永远奋发向上，自觉地弘扬浩然正气，抵御歪风邪气。

四十九、荣誉是一面镜子

荣誉是一种褒奖和肯定，能使人们在心理上产生满足感、精神上激发崇高感、群体中获得尊严感。只有一心为公的人，才能在荣誉的记录簿上留下自己的美名；只有全心全意为党和人民努力工作的人，才有资格与荣誉的红色证书相匹配。荣誉同时也是一面反映人生道德的镜子，体现着一个人的境界和作风。在荣誉面前，谦虚地让，映出来的是宽广的胸怀、高尚的人格和无私的境界；千方百计地争，照射出来的是自私的心态、狭隘的人格和丑陋的灵魂。居里夫人一生获得过 17 枚奖章，得到过世界各国授予的名誉头衔 107 个，但她始终认为，决不能守着荣誉过日子，否则将一事无成。领导干部要珍惜荣誉但不能追名逐利，把荣誉当激励，从零开始，轻装上阵，继续努力，拼搏进取，创造出新的更大的业绩。

要树立正确的荣誉观。古人说:“荣辱造化，特以戏人，一毫着意，便属桎梏。”现实生活中，有的人对荣誉看得很重，不能正确对待个人得失，有了荣誉就骄傲自满，得不到荣誉就怨天尤人，甚至采取不正当手段谋取私利，走入歧途。要树立正确的荣誉观，不以誉喜，不以毁怒，不记“荣誉账”，以平常之心对待荣誉。

要增强革命荣誉感。革命荣誉感表现为光荣感、自豪感和对革命事业的高度责任感，是无产阶级的先进性和革命英雄主义精神的体现，是激发人奋发进取的一种精神力量。有强烈荣誉感的人，好学上进，工作勤奋，勇于创新，甘于奉献；反之，就会甘于平淡，无所事事，自暴自弃，做一天和尚撞一天钟，甚至走上邪路。要增强革命的荣誉感，在工作中把党和人民的利益放在前面，吃苦在前，享受在后。应该始终牢记自己的责任，加强服务，甘于奉献。

五十、好人主义要不得

好人主义是一种讲私情而不讲党性、讲关系而不讲原则的庸俗作风，对党的事业危害极大。奉行好人主义的人，多了私心，少了公心；多了俗气，少了正气；多了圆滑，少了原则。好人主义看起来对人“好”，其实是对同志和事业的不负责任。一句“挑刺”的话可以抵万金，一句“栽花”的话可以毁人生。领导干部宁可“得罪人”，吃“眼前亏”，也要坚决反对事不关己高高挂起、明知不对少说为佳的庸俗哲学，这才是共产党人的品格。

坚守党性原则，不当“老好人”。好人主义实质就是无原则“和稀泥”、当“老好人”，看似一团和气，实则暗流涌动，危害极大。要始终把党和人民的利益放在第一位，事业为上，敢于担当，面对大是大非要旗帜鲜明、立场坚定，面对歪风邪气要坚决抵制、决不退让，宁可得罪人吃眼前亏，决不放弃原则当“老好人”。

用好批评与自我批评的武器。好人主义盛行的地方，往往是党内政治生活不正常、批评和自我批评不到位的地方，有问题不愿意揭露，掩盖真相，回避矛盾。要带头从谏如流、敢于直言，以批评和自我批评的示范行动引导党员、干部打消自我批评怕丢面子、批评上级怕穿小鞋、批评同级怕伤和气、批评下级怕丢选票等思想顾虑，让好人主义没有立足之地。

坚持正确用人导向，铲除“好人”土壤。只有让坚持原则的干部不吃亏，坚持原则的人才会越来越多。要克服简单以票取人的倾向，让坚持原则的人得到褒奖，要为敢于担当的干部担当，为敢于负责的干部负责，支持和保护那些敢讲真话、敢于同不良现象作斗争的干部，不让“老好人”占先，让“好人”失去生长的土壤。

五十一、为人做事应似水

“上善若水，水善利万物而不争。”水至柔，也至刚；水无为，实有为。水，随圆就方，韧性十足，从容面对外界的打击和压迫。它内劲十足，奔跑不息，勇往直前，为实现目标持之以恒。水，不仅是一种精神，更代表着一种崇高的人生境界。人在世上多遇不顺，领导干部为人处事应似水，应当如水的恒心、包容、奋进，能屈能伸、刚柔并济、执着坚韧、一往无前。

像水一样包容。“海纳百川，有容乃大。”人们把那些具有像大海一样宽广胸怀的人看作是可敬的人。豁达大度、胸怀宽阔，这是一个人有修养的表现。领导干部要有容人的胸襟和雅量。如果气量狭小、孤芳自赏、唯我独尊，那将是一潭死水。要“五湖四海”，不要亲亲疏疏。要勇于担当，善于维护团结、顾全大局，大是大非不含糊，细枝末节不纠缠，善于取人之长容人之短。

像水一样奋进。黄河九曲，百转千回，最终东流入海。要咬定青山不放松，不畏艰难，不厌其烦，在遇到问题时不回避，碰到困难时不退缩，遭遇挫折时不气馁，以勇往直前的气魄，奋勇拼搏，开拓奋进，做时代发展的推动者，做改革创新的带头者。

像水一样坚韧。“天下莫柔弱于水，而攻坚强者莫之能胜。”要有“打脱牙，和血吞”的执着和坚韧不拔的精神，以迎难而上、无所畏惧的拼劲，当仁不让的闯劲，雷厉风行、一抓到底的韧劲，埋头苦干、不图名利的实劲，为党和人民做出一番事业。

五十二、心态平和境自高

平和心态是一种积极、正面、健康的心理状态。心态平和，面对得失就会心境淡然，面对困难就会处之泰然，面对失意就会心境豁然。现实中，一些领导干部不能正确看待个人得失，习惯于拿自己的长处比别人的短处，习惯只比别人得到的、不比别人付出的，在地位待遇上稍不如意就牢骚满腹，在物质条件上一旦己不如人就怨声载道，方向越比越迷失、心理越比越失衡，久而久之就会误入歧途。领导干部要怀着平和心态做人为官，把视野放远些、胸襟放宽些、境界放高些，就会做到不为私心所扰、不为名利所累、不为物欲所惑，一门心思干事创业。

要认知自我看清自己。“知人者智，自知者明。”一定要有清醒的自我认知和自我定位，正视个人长短，了解自己有什么长处、有什么缺点，想做什么、能做什么，在与人比较中找到自身差距，在自我对比中找到进步，始终静心淡定地履职尽责。正确对待个人进退留转，不计较一时得失、一事成败、一职高低，珍惜干事创业的机会，始终保持平静谦和的心态。

要心怀群众看轻自我。不论职位多高，始终把自己看作一名普通群众，不能做了一点事就觉得自己功劳有多大，四处摆功评好；受了一点委屈就觉得组织对不起自己，自甘堕落消沉。要始终保持平和的心境，遇事想得开、放得下，活得轻松，过得自在。守住了平常心，就守住了伸出去的手，捂住了张口的嘴；守住了平常心，就守住了法律原则，守住了道德伦理；守住了平常心，就守住了做事的快乐，守住了做人的幸福。

五十三、要用“空杯心态”接纳新事物

“空杯心态”就是重新审视自己，清空那些过时的、陈旧的、不适应社会发展的东西，为新的、先进的东西留出空间。它并不是一味地否定过去，而是要与时俱进，去融入新的环境，对待新的工作、新的事物。当一个杯子装满水的时候，就放不进任何新的东西。人的心态亦是如此。如果迷信于自己已有的经验和知识，那么就会落后于这个时代。“满招损，谦受益。”领导干部要不断保持“空杯心态”，像海绵吸水一样接纳新事物、新知识，不断扩大自己的知识半径，掌握干事创业的真本领，跟上时代更迭的步伐。

要摒弃糟粕放空清零。习惯老方法依靠老经验，就会陷入孤芳自赏、敝帚自珍的封闭境地，就会成为孤陋寡闻、不思进取的井底之蛙。保持“空杯心态”就要时常清扫垃圾，及时清理老方法旧经验，“倒空”自己，学会“归零”，保持对新鲜事物的好奇心，每天都是新起点，每天都以“空杯状态”去学习新的东西，开阔新视野，增强新本领，提升新能力。

要萃取精华充实提高。顺应时代发展，不断调整充实自己，多到矛盾多、困难大、任务重的地方，多经历一些大事要事、急事难事，不断在实践中砥砺品质、振奋精神、增长才干，弥补知识弱项、能力短板、经验盲区。要坚持在学中干、干中学，知行合一，把学的成果体现到工作的成效上来。

五十四、情商和智商都重要

智商是一个人的智力发展水平，主要是分析问题和解决问题的能力。情商是一个人管理自己情绪和处理人际关系的能力。智商是提高领导能力的必要条件，情商是提高领导能力的心理基础。做领导如同当船长，需要掌握方向、驾驭全局、配置资源、健全机制、构建文化，这就要具备较好的基本素质和综合素质，智商和情商都具备，成为一名优秀的领导干部。领导干部掌握并支配着一定的社会公共资源，承担公共事务的决策职能，理应具备较高的智商和情商。

要提高智商，能干会干善于干。要注重知识学习、加强实践锻炼，把增长知识作为干部自我完善提高的一个基本要求，既解决好“知识恐慌”的问题，又解决好“本领恐慌”的问题，知思想、懂政策、会法规、熟业务，学以致用，提升自身的工作能力，从而能干会干善于干。

要修炼情商，凝聚感召鼓舞人。领导干部的情商修养，不仅内在反映个人道德水准和思想品质，而且外在表现为一种工作能力和领导力。要通过不断地修炼提升，努力实现个人性情的自我进化、自我约束、自我激励和自我升华，以道德修养提升情商修养，以情商修养丰富道德修养，达到个体素养与工作能力全面提高的目的。

五十五、与其抱怨不如改变，想要改变必须行动

抱怨并不能改变现状，不会让自己过得更好。有的干部"任劳"容易"任怨"难，加班加点能够习以为常，但是受到批评和委屈就难以正确面对，情绪不好、发牢骚。说话不过脑子、打肚皮官司，怨天尤人不断、抱怨声声不息。抱怨是一种危害极大的负能量，还会像流行病一样传染，可能会引发"蝴蝶效应"，影响到单位和家人。抱怨多了，日积月累，消极情绪就会填满内心，造成心理失衡，影响判断力和工作效率，贻误事业发展。真正的强者从来不抱怨，只会付诸行动，内心充满阳光，积极主动，自尊自爱自强，不断积累磨砺完善自己。

要及时清扫情绪垃圾。选择健康的生活方式，养成自我调适的良好习惯，学会调控和驾驭自己的情绪，正确面对挫折，树立阳光心态，缓解和释放压力，摒弃阴暗潮湿心理，以积极乐观的态度来看待周围的事物，把不良情绪转化为积极的行动，凡事多往好处想，善于从失败中看到成功、从黑暗中看到光明、从挫折中吸取教训，享受生命过程，不让抱怨成为一种习惯。

要随时准备付诸行动。始终有一种高度的责任感、旺盛的战斗力和执着的事业心，有一种"躺着想事、坐着议事、站着干事"的工作激情和创业冲动，转变"庸、懒、散"的不良作风，随时在状态，不断激活自己，面对机遇敢于抢抓、面对艰险敢于探索、面对落后敢于奋起、面对竞争敢于拼搏，提高

驾驭工作的能力，克服抱怨心态，脚踏实地、不怕苦累、真抓实干，久久为功、滴水石穿，胜任和享受工作的过程。

五十六、没有最好，只有更好

最好是一种状态，它不是静止不变，而是随时处在发展变化之中，也许今天认为最好的，明天可能就会有更好的出现，现在是好的并不意味着将来也一定是好的。就如同世界纪录，总是处在确立——打破——再确立——再打破的循环之中。事实上，也不会有什么东西永远是最好的。曾有记者问巴西球王贝利，您进球近千个，您认为哪一个踢得最好？球王说是下一个。领导干部对此也要有一个清醒的认识，时刻提醒自己，永远坚守应该“做得更好”的理念，始终以永不满足、永远进取的状态工作。

要保持积极进取的工作状态。人生不能满足于现在的自己、满足于眼前的成就，只有时刻保持追求完美、永不停歇、永不懈怠的精神，去奋斗、去追求、去超越，才能铸就辉煌。领导干部必须永远追求更好，不断谋求发展，不断开拓创新，为地方发展提质增速，造福一方百姓。

要养成严谨细致的工作习惯。领导干部应树立细节意识、精品意识，决不忽视任何一个细节，决不放过任何一个疑点，做任何工作都要先过得了自己这一关。一件事不干则已，干就要干到最好、干到极致。决不能粗枝大叶，以谋事在人、成事在天等宿命观点为自己开脱，要坚信只要努力和付出就一定会有所收获、做到更好。

要持之以恒追求卓越。三天打鱼两天晒网，再简单的工作也会半途而废。要克服为了“政绩”“面子”抓建设的思想，要利长远、为长远、为老百姓干实事，持之以恒地干好工作，在工作中不松懈、不懈怠，坚持全面发展，追求卓越，始终朝着更好的方向去努力。

五十七、天上不会掉馅饼，地下真有大陷阱

天上永远不会掉馅饼，一分耕耘一分收获，不劳而获是不可能的。就算天上真的掉下了所谓的“馅饼”，那在地上等着你的，也一定是一个大陷阱。有的领导干部却不明白这个道理，抱着“等靠要”的思想不放，面临机遇消极被动，面对困难畏难退缩，妄想守株待兔、吃“免费的午餐”。殊不知，幸福不会从天降，天助自助之人，靠天靠地靠别人不如靠自己，前途命运最终还是掌握在自己手上。习近平总书记说过，天上不会掉馅饼，努力奋斗才能梦想成真。世界上的事情都是干出来的，不干，半点马克思主义也没有。

要积极主动干。苦熬不如苦干，等不是办法，干才有希望。领导干部必须敢于担当、主动作为，逢山开路、遇水架桥，

拿出一往无前的奋斗姿态，充分发挥主观能动性，树立不发展是倒退、发展慢了也是倒退的理念，积极作为，扎实干事创业。

要脚踏实地干。出实策、鼓实劲、办实事，咬定青山不放松，一步一个脚印苦干实干，一任接着一任持续干，一锤接着一锤敲，每一项措施都想深想细想透，每一个环节都把控到位，每一个成效都要看得见摸得着，不图虚名、不务虚功。

要讲究方法干。善于审时度势、抢抓机遇、统揽全局，学会“弹钢琴”，团结一切可以团结的力量，抓主要矛盾、抓关键、抓要害、抓难点，在不断发现问题、研究问题和解决问题的过程中成长进步、建功立业。

五十八、特权思想是腐朽思想

特权就是不受党纪国法约束的权力，是法律和制度之外的权力。特权思想是封建社会“当官做老爷”“官本位”等糟粕思想的延续，它把权力视为身份的象征，而非为人民服务的工具。一些人走上领导岗位后，把公仆当主人，没有敬畏心，反有优越感；有的认为自己是“执法官”“裁判员”，可以不受规则约束；有的以权谋私、优亲厚友，甚至违反法纪大搞特殊化。这种有权就任性、有权就特殊的腐朽思想，如果任凭其滋长蔓延，就必然会衍生出不受监督的特权领导、不受制约的特殊权力和特殊待遇，最终助长权力崇拜，疏远干群关系，损害社会公平正义。

要加强党性修养，摒弃特权思想。特权思想非一朝一夕形成，纠正“特权行为”容易，但要消除“特权思想”还有很多工作要做。要强化党性锻炼，强化为民服务的宗旨，反对和抵制特权，切断特权和腐败的根基。一个负责任、知敬畏的干部，一定不会将手中权力凌驾于党纪国法和民心民意之上。

要遵章守纪办事，严禁特权现象。没有限制和规范的权力就会无限扩大直至变为特权。要牢固树立“法定职责必须为、法无授权不可为”的法治理念，坚持制度面前没有特权、制度约束没有例外的法治精神，坚守法律面前人人平等的法治原则，自觉用法律法规约束和规范自己的行为，坚决反对和抵制以权压法、以言代法、权大于法、徇私枉法等无视法规法纪的问题。

要全面从严监督，惩治特权行为。绝对的权力绝对导致腐败，没有监督的权力必然作恶。要主动、自觉、乐于接受监督，时刻警惕和坚决抵御特权思想的滋长蔓延。同时，要严肃追究和严厉惩处搞特权的行为，有效预防和最大限度地减少特权现象发生。领导干部如果真的有什么特权的话，那就是只有“带头吃苦”的特权，而不是其他。

五十九、信心贵如金

信心是指人们对自己的行为抱有必定成功的信念，相信自己的愿望或想法一定能够实现的心理。一个人如果丧失了信心，就会失去前进的力量，不仅难以成事，甚至可能会被社会淘汰；而一个人如果充满信心，无论是工作学习还是面对生活，都能乐观对待、积极应对，最终成为强者。萧伯纳说过："有信心的人，可以化渺小为伟大，化平庸为神奇。"金钱可能会贬值，财富可能会蒸发，如果说这个世界上什么最值钱，那一定是信心，信心比黄金更加珍贵。

有信心才能攻坚克难。积极的心态、坚定的信心，是战胜困难和成就事业的重要力量。领导干部特别是"一把手"对什么工作都有信心，班子成员和干部群众就会信心十足，就能攻坚克难；如果"一把手"缺乏信心，班子成员和干部群众就会失去主心骨、无所适从，进而混乱不堪、危机四伏。

有信心才能勇于担当。"自信人生二百年，会当水击三千里。"只有充满信心，有一股子"天生我材必有用"的气魄，才能在面对困难问题时敢于迎难而上，在涉险滩的紧要关口、啃"硬骨头"的关键时刻临危不乱、勇敢面对。

有信心才能永葆活力。越努力，越有信心，从而也就越有活力。要把信心建立在扎实努力的工作上，要想让愿望变成现实，就必须把坚定的信心转化为推动发展、锐意创新的坚强动力，苦干巧干加实干，用一个又一个的成功来坚定自己必胜的信心。当然，坚定信心也不是说盲目自大、目空一切、天不怕地不怕，信心更多来自内心的强大和心智的成熟，来自对形势的清醒认知、对工作的科学谋划、对任务的积极执行、对目标的奋发作为。

六十、将心比心，以心换心

俗话说，船的力量在帆上，人的力量在心上。习近平总书记指出，只有将心比心，才能换取真心，才能找到解决问题、推动工作的良策。与人交往、想问题、办事情注意把自己放在别人的位置上，设身处地地为别人着想，时时事事处处考虑到他人的需求和利益，自然就能增进沟通与理解，减少误会与争辩，提高工作效率，解决实际问题，实现与群众与下属关系的和谐相处。

要换位思考，宽容理解。换位思考是一把凝聚人心、化解难题的“金钥匙”。每个人的思维方式不同、立场不同，处事方式也就不同，同样的事情换个角度来看，也许就能得出截然不同的结论。领导干部越是身居高位，越是要克服本位主义，善于多从不同的立场看问题，多站在别人的角度上思考，多从自身找找原因，推己及人；越是要加强沟通交流，增进相互理解，妥善面对和处理生活、工作中出现的问题。

要待人诚恳、心怀坦荡。“爱人者，人恒爱之；敬人者，人恒敬之。”无论对上级、对下属、对群众都要推心置腹、以诚待人、以情动人、心怀坦荡，不分高低贵贱，不分亲疏远近。工作上有上下级之分，人格上大家都是平等的。与同事相处要珍惜缘分，绝不能无理谩骂、随意呵斥下属，更不能将下属当家丁来使用，真诚关心同事的家庭情况、生活状况，对有困难的要及时予以力所能及的帮助，让干部解除后顾之忧，以心换心，才能万众一心。与群众相处要认清自己“人民公仆”的身份，牢记肩上担负的责任和使命。想群众之所想，急群众之所急，认真倾听群众呼声，求真务实地替群众办实事办好事。

六十一、不要错把平台当本事

“宰相门前七品官”本是一句讽刺语，说的是一些人狐假虎威，自以为“靠山硬”而有所倚仗。但现实中仍然有这么一些人，自身没多大本事，就是因为所在单位层级高、机关牌子硬，走到哪里都被人迎合奉承，时间久了，不自觉地滋生几分盲目的自信，真以为自己有多高明，甚至常常以某领域的“专家”自居，口大气粗，动辄就批评人，这个看不上，那个有问题，好像全天下只有他最厉害。殊不知，这一切都是平台带来的红利。功高不泯忠贞志，位尊更坚公仆心。从事领导工作，只有正确认识岗位和职务所带来的光环，才能不被这些灯光弄得头晕目眩，失态又失败。

平台高不等于本事大。平台是组织所提供的，平台与自身的本事并不能画等号。自身的天赋与努力固然重要，但不能总想着自己的付出而无视了组织给的平台和机会。组织才是最大的平台和靠山，离开了组织什么都不是。仗着平台所取得的成功没有什么好炫耀的。毕竟，离开了平台你还剩下的东西才是你真正的本事。

平台高更要懂感恩。组织为领导干部展示才华、锻炼能力和发挥潜能搭建了平台、创造了机会，每一位同志都要敬畏自己所处的岗位、所在的单位，以如履薄冰、如临深渊的态度对待自己所从事的工作，维护好、发展好自己所在的平台，珍惜组织的信任和厚爱，珍惜人民群众的重托和期待，牢记使命、恪尽职守。

有本事更要守本分。能够走上领导岗位，没有一点本事和能力是肯定不行的。但一个干部不论本事多大、能力多强，都要牢记组织的培养、群众的支持，始终保持谦虚谨慎、戒骄戒躁的心态，多回头检查自己的言行得失，总结经验教训，扫扫思想尘埃，轻装上阵。

六十二、只有自己才能打倒自己

唯物辩证法告诉我们，内因是事物发展的根本，外因是事物发展的条件，外因通过内因起作用。列宁也曾说过，堡垒最容易从内部攻破。苏共政权的轰然倒塌，正是因为其失去了内在的先进性。一个政党如果内部不坚强，必然受到侵蚀。同理，一个人也只有自己才能打倒自己、自己才能挽救自己。领导干部不要抱怨诱惑大、问题多、任务重，这些都不是关键，真正打倒自己的是面对困难时的软弱、面对不熟悉不了解情况时的自以为是、面对诱惑时的贪婪、面对荣誉成绩时的骄傲自满，是欲望、怨恨、懒惰和恐惧。领导干部如果不突破自我，不打败自己的心魔，最终必会被自己所打倒。

要乐观自信，不能悲观自卑。通向成功的道路绝不会是一帆风顺的，乐观自信不一定能成功，但悲观自卑却一定会失败。无论工作生活中遇到什么样的困难和挫折，都要始终保持乐观自信的心态，不畏惧不放弃，自强不息，坚定不移开辟新天地、创造新奇迹。

要有自知之明，不能自以为是。对自己有个清醒的认识，知道自己到底有几斤几两，千万不能妄自尊大、唯我独尊。要善于跳出自身看自身，客观地审视自己、反省自己，善于找到自我完善、自我提高的坐标，通过对标找出自己的差距和不足，不断提高，找到精准发力的突破口。

要自省知戒，不能心存侥幸。领导干部能否廉洁自律，最大的诱惑是自己，最难战胜的敌人也是自己。管住自己、战胜自己，关键是要筑牢思想防线，做到自警自律、慎独慎微慎初，做到不慕虚荣、不谋私利，一尘不染、一身正气。要严防诱惑之“微”、蜕变之“渐”，警惕小侥幸演化成大错误。

六十三、差距就是潜力

差距是指事物之间相差的程度、距离某种标准的差别程度。任何事物都有两面性，要学会辩证地看问题。差距也是一样，一方面表示“差了一些”“还有距离”，另一方面又说明还有发展和提高的可能，经过努力还可以做出更大的成绩。因此，也可以说，差距其实就是潜力。经济学上“后发优势”理论，讲的就是这个道理。落后地区往往可以通过吸取发达地区的经验教训，少走弯路，从而实现快速跟进，甚至赶超跨越。差距并不可怕，落后也只是暂时的。不要因为存有差距而忧苦，而要为发现了差距、找到了差距的症结而高兴，并为能够缩小差距而努力奋斗感到快乐。

要正视差距。差距是客观存在的，这其中既有地域、资源、人力、历史传承等客观原因，也有理念、习惯、作风、体制机制等主观原因，关键是要找准存在差距的原因，探索解决问题的办法，硬件不足软件补，资源缺乏政策补，政策不优服务补，在此基础上，才能缩小差距，迎头赶上。

要借鉴经验。“他山之石，可以攻玉。”站在“巨人”的肩膀上就有可能攀上新的“台阶”。发达地区在长期的实践中积累了大量的宝贵经验，要用好“拿来主义”并做好“扬弃”，从中获取创新的动力和源泉，从而减少发展过程中的风险成本，少走弯路。

要奋力赶超。越是落后地区，越要有超前理念，越要向先进地区看齐，只有这样才能获得比较优势，才能实现弯道超车、跨越发展。当然，奋力赶追也不是不问条件、不加分析地赶时髦、追先进，动不动就搞高精尖产业，跟着瞎起哄，这是脱离实际的“大跃进”，“跳得高”往往会“摔得重”。

六十四、公平不是平均主义

“公平”是指公正而不偏颇，包括权利平等、机会均等以及分配合理等内容。而平均主义，则是要求平均分享一切社会财富。公平承认劳动有多有少、技术有高有低、贡献有大有小，而平均主义只讲究结果的平等，忽视了机会的平等、制度和规则的平等和行为能力的差异，实际上则是不公平。平均主义抹杀了个体之间的差别，违背了市场经济发展的规律，扼杀了劳动者的主观能动性、积极性和创造性，损害了社会生产力的提高，是不适应社会发展需要的。促进社会公平，需要防止把公平等同于绝对平均主义的倾向。

为人处事要一碗水端平。手心手背都是肉。要一视同仁地看待干部群众，不偏不倚地对待所有人。思想要正派，自觉将法规政策内化为心中的戒尺，一切按制度来，按程序走，按规矩办；作风要正派，办事公道，一把尺子量到底，不搞厚此薄彼，不分亲疏远近；行为要正派，挡住“人情风”，不搞变通，不打“擦边球”、不搞“潜规则”，不开“天窗”、不留“暗门”。

构建公平有序的竞争环境。物竞天择，优胜劣汰。公平、正当的竞争带来共同的进步。如果竞争既公平又有效，平均主义心态就无法泛滥和扩张。要尊重竞争规律，弘扬公平竞争精神，构建和带头遵守公平竞争规则，营造公平竞争氛围，让优者胜、劣者汰、能者上、庸者下，推动社会和谐发展。

六十五、教训往往比经验更管用

经验是指从多次实践中得到的知识或技能，一般具有正向性；教训则是指从错误或挫折中得到的失败和痛苦。经验可以通过别人的传授，也可以通过自己的学习获得，但教训往往只有自己摔出来、悟出来。和经验相比，得到教训的代价常常更加昂贵、更加难忘。从这个角度上来说，教训往往比经验更加宝贵、也更加管用。马云曾说：湖畔大学最大的不同就是我们在这里学习别人是怎样失败的，会介绍一些阿里集团曾经犯过的错误，来教育学生如何选择。昨天的太阳晒不干今天的衣裳，昨天的风雨仍能泥泞今天的道路。领导干部既要客观看待成绩和经验，也要敢于正视失败和错误。

要吸取教训，为我所用。成功的经验不可能完全复制，失败的教训人人可以汲取。要善于分析和查找失败的原因，既汲取自己失败的教训，吃一堑长一智；也注重汲取别人的教训，以避免重蹈覆辙。既要注重汲取历史的教训，增强工作的预见性，少走弯路；也要注重汲取新的教训，上升为理性的认识，坚决不能在同一个地方摔倒两次，永不贰过。

要坚定信心，继续前行。自觉汲取经验教训，主动克服自身不足，最终目的都是为了走稳、走好后面的道路。经常拿教训这面镜子照一照，发现工作中的不足和问题，保持“摸着石头过河”的干劲，化教训为进取的动力，把对失败和错误的歉疚之情化作一种觉悟、一种精神风貌和人格魅力，化作实实在在的爱民之举、为民之行。

六十六、务虚是务实的先导，务实是务虚的目的

务实是指脚踏实地，从实际出发，说实话、办实事，想实招、求实效；务虚则是跳出具体事物，通过理性的分析，搞清楚为什么做、做什么、怎么做。如果说务实是决胜千里之外的实践，务虚就是运筹帷幄之中的谋划。如果说务虚是为了“知”，务实则是在认知基础上的“行”。没有务虚，务实就没

有方向性，所务之“实”就可能是一种盲动或蛮干；没有务实，目标计划就只能停留在想象阶段，一切就都是空想。所以说务虚是务实的先导，务实是务虚的目的，务虚是为了更好地务实，要务好实必须务好虚，两者相辅相成、相互促进。

要练好“务虚”的“唱功”。一般来说，人们比较警惕务虚不务实的毛病，但如果过分强调低头拉车，而忽视抬头看路，就会陷入事无巨细、疲于奔命的困境，工作就很难突破和提高。从事领导工作，要在研究状态下工作，用敏锐的眼光、理性的思维发现新问题，科学用力、少走弯路、提高效率，真正做到谋定而后动、知止而有得。

要练好“务实”的“做功”。世界上的事情都是干出来的。要坚持说实话、办实事、求实效，真抓实干、求真务实，撸起袖子、甩开膀子加油干，不喊哗众取宠的空洞口号，不做华而不实的表面文章，不搞劳民伤财的形象工程和面子工程，干出硬邦邦的“实绩”，而不是制造虚幻的“泡沫”。

务虚与务实相结合，知行合一。要在务实中生存，也要在务虚中提升，不能借口真抓实干否定务虚的重要性，错误地认为务虚就是空谈道理、只说不干，更不能借口务虚，不干实事、不求实效、坐而论道。一定要正确理解务虚与务实的关系，既真抓实干、求真务实，又善于谋划、注重总结提升，将两者有机结合起来，不断提升工作水平。

六十七、果断往往是取得胜利的关键，犹豫常常是事情失败的祸根

果断就是面对情况问题能够及时做出判断和决定；犹豫则是对事迟疑，拿不定主意、不敢拍板。楚汉相争时，项羽当断不断，多次错失取胜的机会，最后无颜再见江东父老，自刎乌江。解放战争中，毛泽东同志做出“将革命进行到底”的决定，号召“宜将剩勇追穷寇，不可沽名学霸王”，最终建立了新中国。事实告诉我们，机会总是稍纵即逝，决策面临的情况瞬息万变，可供我们选择的时间并不多，如果瞻前顾后、患得患失，断而不定、议而不决，往往容易错失良机，使事业遭受损害。领导干部要敢于决断，千万不能患上“选择困难症”“拖延症”。

要知形识势。“兵无常势，水无常形”。大局清、方向明，决断就快。做任何事情，都要善于审时度势，乘势而上、顺势而为。要对过去有全面历史辩证的了解，也要对当下有清醒深刻的认识，还要对未来有客观科学的预见，只有这样，才能看清形势。

要兼听则明。果断不是武断，更不是专断。科学有效的决断需要建立在调查研究、听取多方意见、汇集众人智慧上。要多深入调研了解实情后再作决策，注重听取多方面的意见，明辨是非，做出正确的决断。

要敢于担责。为什么有些领导者在需要决断的时候会左

右摇摆、议而不决？一个很重要的原因就是不敢担当、害怕担责。要发挥“主心骨”作用，尤其在大是大非面前、大家意见不统一时，就要敢于坚持真理、敢于拍板，主动靠前请命，不当问题“二传手”。当然，面对决策失误，也必须敢于承担责任，知过能改，及时修正偏差，吸取教训，不断提升自己的能力和修养。

六十八、登高才能望远，鉴往才能开来

“登高才能望远”是说登上高处才能看得更远，眼界宽才能谋大计、顾大局；“鉴往才能开来”是说借鉴以往的情形可以警戒现在和未来。邓小平同志曾说，政治家的眼界要非常开阔，要从大局看问题，放眼世界，放眼未来，也放眼当前，放眼一切方面。领导干部只有站得高，才能望得远；只有把历史学习当作当代中国共产党人的“营养剂”，从前人留下的思想宝库中汲取治国理政的珍贵滋养，才能视野宽阔、放眼未来。

要高两三个层次看问题。“不畏浮云遮望眼，只缘身在最高层。”要注重从大局出发，学会登高望远，放开视野，自觉站在更高的层次来观察、分析和解决问题，自觉把当下工作放到长远工作中去谋划，把具体工作放到中心工作中去谋划，把区域工作放到全局中去谋划，这样才能一览众山小，认识、境界才会变高，思路才能更加宽广。

要从历史中吸取营养。丰富的历史经验是开辟坦途避免弯路的“指南针”。要注意学习历史，学习贯穿于中外历史中的智慧、经验和文化，看成败、鉴是非，进一步从历史和现实的比较中加深对我国国情和中国特色社会主义道路的理解和认可，重视历史经验的借鉴和运用，从而更好地思考和推动今天的工作。

六十九、纠缠过去，不如拼搏未来

“纠缠过去，不如拼搏未来”，强调不要过于沉浸在曾经的成就，纠结过往的失败，而是要活在当下，更要拼搏未来。人生没有如果，只有结果和后果。过去是历史，未来是理想，人不能控制过去，也不能控制将来。人生就是单行道，而且都是现场直播，过去的就永远过去了。领导干部要清醒地认识到当下的拼搏和奋斗才是最重要的、最真实的、最现实的。要放得下。放得下是一种人生智慧和健康心态，可是知易行难，拿得起容易，放得下却很难，经常是“才下眉头，却上心头”。领导干部不能当祥林嫂，逢人就重复“昨天的故事”；而要当阿庆嫂，智斗当下的“刁德一”。要放得下失败的包袱、过往的荣光、对别人的耿耿于怀，放得下名、利、情，让自己适时清零、归零，轻装上阵，这样才能“拿得起”更多责任、“拿得出”更多成效。

要进得去。就是要进入状态、进入当下，永远在状态，不“磨洋工”“混日子”，不能人在心不在、在位不在岗。要把自身关注的焦点、思考问题的切入点、干事创业的着力点，凝神聚焦到当下所进行的各种工作中去，时刻保持清醒的头脑，把有限宝贵的时间放在有意义有价值的事情上去。

要担得起。要以未来为导向，担得起当下，担得起未来。不敢担当、不善担当，“当下”就可能转瞬即逝，未来也就不再可期。担当未来，首先要活在当下、研究当下、把握当下，努力在当下，拼搏在当下，一切从当下的实际出发，与当前的形势俱进，拥抱新的生活，创造更美好的明天。

七十、主观指导与客观实际相结合

主观指人的意识和思想；客观指人的意识以外的物质世界。辩证唯物主义认为，主观和客观是对立统一的，客观是主观存在的基础，主观可以能动地反映客观，并对事物的发展起促进或阻碍作用。坚持一切从实际出发，使主观符合客观，是领导干部正确认识世界和改造世界的根本立足点。过度强调事物的客观规律性，否认人的主观能动性，容易犯机械唯物主义论的错误，迈不开手脚，打不开工作局面；而否认客观规律性，夸大人的主观能动性，容易陷入唯心主义错误的泥坑，搞“精神万能论”。领导干部必须与时俱进，不断更新知识，跟上客观实际变化，做到主观指导与客观实际同步推进、相辅相成。

要从实践中树立正确的主观认识。脱离实际的指导效果不好甚至会偏离方向，要牢牢把握中国特色社会主义进入新时代的历史方位，深入学习和研究中国特色社会主义理论体系，特别是习近平新时代中国特色社会主义思想，充分认识社会主要矛盾的转变，思想观念要从老矛盾中脱离，把握新发展理念，坚定“四个自信”，增强“四个意识”，始终不忘初心、牢记使命、践行宗旨，做到思想上坚定不移。

要顺应客观规律主动指导实践。领导过程是领导者率领被领导者作用于客观环境的过程，整个过程是靠引导、指挥来进行的。要按客观规律和客观实际条件办事，大兴调查研究之风，掌握原汁原味的第一手资料，运用客观资料“解剖麻雀”，找出解决问题的途径，达到主观与客观的统一，从而做出科学决断，解决实际问题，做到行动上切合实际、符合实际。

七十一、一般号召和个别指导相结合

毛泽东同志在《关于领导方法的若干问题》一文中指出：“我们共产党人无论进行何项工作，有两个方法是必须采用的，一是一般和个别相结合，二是领导和群众相结合。”任何工作，如果没有一般的普遍的号召，就不能动员广大群众行动起来；但如果只限于一般号召，而没有具体地、直接地将所号召的工作深入推进、突破一点、取得经验，然后利用这种经验去指导其他地方和单位，就无法考验自己提出的一般号召是否正确，也无法充实一般号召的内容，一般号召就会有落空的危险。一般号召和个别指导相结合，是党在长期领导实践中总结出来的一个有效的领导方法，领导干部必须在普遍号召的同时，深入基层蹲点，取得经验、以点带面，使工作扎实持久地开展下去。

要广泛动员，凝聚共识。一般号召具有普遍性，它可以广泛普遍地动员群众。要承认矛盾的普遍性，宣传教育群众，尊重依靠群众，组织引导群众，提高群众的思想政治觉悟，动员群众积极参加党所领导的各项工作。

要解剖麻雀，分类指导。深入了解一般号召中体现的特殊情况，掌握特色、解剖麻雀、掌握经验，从个别中发现一般的、普遍的经验，再结合实际向不同区域、单位提出有针对性的要求，突出重点、因地制宜、分类指导，把试点的经验逐步推广开来，更好地指导工作，切不可“一刀切”。

要点面结合，整体推进。经常深入实际，加强个别指导，不断把“面”上的问题拿到“点”上研究解决，把“点”上的经验拿到“面”上去推广，以点带面，点面结合，整体推进工作，帮助领导干部加深对事物发展规律的认识，推动面上工作的深入开展。

七十二、有了共识，才可形成共为

共识是指不同认识主体在追求价值与真理的过程中形成的具有普遍性的共同看法。共为则是为了实现共同的目标而一起努力。思想是行动的先导，有了共识才能产生共为，否则，就会“道不同不相为谋”。共识是共为的前提和基础，共为是共识的目的和归宿。有共识而不能共为，那是空喊；有共识也能共为，才是领导者明智和正确的选择。毛泽东同志讲，“我们都是来自五湖四海，为了一个共同的革命目标，走到一起来了。”这个共同的目标就是“共识”。在日常工作中，由于领导班子成员间工作生活经历各不相同，对同一问题的看法和认识难免会有分歧，产生不同意见。一个高素质的领导者，要善于运用各种手段，促使自己与同事和下属之间达成“共识”，增强领导工作的合力，从而更好地变“共识”为“共为”，变“共为”为“共赢”。

思想上要“共鸣”。要让一个班子、一个地方在思想上有统一的认知。一方面要把全心全意为人民服务作为一切工作的出发点和落脚点，想问题、办事情都要围绕这个宗旨来开展。另一方面要树立全局利益、长远利益、根本利益第一的思想，做到维护大局服从整体，真正让“小道理”服从“大道理”，让“个人”服从“组织”，坚决反对任何影响和破坏大局的行为。

行动上要“共进”。要克服狭隘的部门利益和个人私利，相互协调配合，做到通力合作、整齐划一，这是实现共为的重要条件。以遵循事物发展的规律为前提，完善工作机制，加强制度建设，要严守行为准则，做到规范运作、协调一致。实践证明，只有统一思想，团结奋斗，才能减少内耗，减少摩擦，精诚合作，共同发展，达到共赢。

七十三、精准定位，提高站位，实干立位

方位是指客观事物在历史进程中的前进方向和所处位置。古人讲“辨方位而正则”，就是说要根据事物的方位来确定事物的去向。在一定的社会群体中，人也有各自的方位，只有正确认识了自己的方向，才能精准找到自己所处的位置，找准前进的方向，并通过坚持不懈的努力最终实现目标。领导干部身份位置特殊，是公共权力的掌握者和公共资源的支配者，必须知道自己有权做什么、可以做什么、必须做什么以及不得做什么，自觉、自主地调整自己的行为，才能发挥好把方向、谋大局、定政策、促发展的能力。

公仆身份要定位准。从政是一种特殊的职业，在其位就要谋其政，履其职就要尽其责。要知道当干部是为了什么。为了实现人民群众对美好生活的向往，实现自己的人生价值，不是当官做老爷、高高在上指手画脚。要从岗位实际出发，明确

自身的工作性质、职能分工和岗位环境以及岗位的责任体系，做到不缺位、不越位、不抢位、不错位。

有全局和长远眼光。要自觉把当下工作放到大局和长远中去谋划，把具体工作放到中心工作中去谋划，把区域工作放到全局中去谋划，知形识势，在统筹兼顾的基础上超前预见、提前准备，做到早半拍、快三分、想周全、干在前，占得先机，把握主动权。

实干是立身之本。说得漂亮不如干得漂亮，实干实绩最重要。风华正茂日，干事正当时，等不是办法，干才有希望。要拿出“只争朝夕”的精神，在岗一分钟，战斗六十秒，爱岗敬业、夙夜在公，不辜负组织、群众和同志的信任。

七十四、成功的道路是目标铺成的

成功是什么？不同的人有不同的认识和体会，不能一概而论。而目标则是实现成功过程中设定的一个个节点。成功是终点，目标是节点，成功很远，目标很近，成功要靠一个个目标来实现。有无明确的目标，人的精神状态会不一样。一个人有了明确的目标，内心的力量才能找到努力的方向，才会不断去追求成功。一个人若看不到自己的目标，就像一个射手找不到靶子。许多人并不缺乏信心、能力，只是因为没有确定的目标而变得碌碌无为。领导干部在工作中有无目标至关重要，事关一个地方或单位的发展，事关干部群众的福祉。

明确目标激发奋斗动力。将军赶路，不追小兔。坚定的目标是成功的首要原则。一个人没有目标而努力工作，就好比一艘失去方向舵的轮船，始终在做无谓的旋转。再好的决策，如果不坚持目标导向，终究会无疾而终。要坚持目标导向，瞄准目标、锁定目标、紧盯目标、专注目标，清楚地知道自己想干什么、要干什么、干成什么样。

分解目标助力实现成功。目标不可能一蹴而就，要善于细化分解大目标为小目标，并将每个小目标控制在一个能预见和可操作的范围内，清晰明了地处理每一个问题，制定期限，严格落实，时刻反省，步步检验。从点点滴滴做起，从小事积累，分解目标，方能步步为营。

追求目标贵在落实落地。目标确定了以后，没有落实等于零。要杜绝喊空口号，有周密严谨的计划、切实可行的措施，保质保量地完成计划的每一步，不折不扣地兑现承诺的每一项工作，以稳扎稳打的业绩铺就成功的道路。

七十五、危机是化了装的机会

事物的发展都是前进性和曲折性的统一。任何人做任何事情都不会是一帆风顺的，都会遇到这样那样的困难和问题，甚至会生死攸关。危机指的正是这样一种处于特别危险境地的情况，或者即将发生严重祸害的关头。在常规的思维中，危机就是最大的问题，就是恐怖的陷阱。危机或大或小，或深或浅，或长或短，或隐或现，倘若被错误地评判或处置，将会产生巨大的负面影响。其实，“危机”是危险和机会的结合，任何危机都蕴藏着新的机会。当危险到来的时候，如果能进行积极的转化，“危险”不但不是真正的危险，反而会是机遇。

在危机中发现机会。凡事都有两面性，“危”与“机”共存于同一事物中，是同一矛盾的两个不同方面。在危机面前必须冷静沉着，在准确认识和判断危机类型的基础上，运用逆向思维，分析危机，挖掘机会。在危机中发现事物发展有利的一面，变“危”这一主要矛盾为次要矛盾，变“机”这一次要矛盾为主要矛盾，把危机变为机遇，获得意想不到的成功。

在危机中抓住机会。随着时代的发展，增强危机处置能力考验着党和政府的执政能力，能否在危机中抓住机会扭转局势，则成为衡量领导干部能力水平的“试金石”。领导干部要练就从容应对危机的能力，必须在危急时刻、紧要关头洞见事物发展的本质，抓住机会，另辟蹊径，灵活解决问题，化解危机。发现了机会就要果断处置，不能错失良机，方能变“危”为“机”。

七十六、打破惯性思维，不做经验的奴隶

惯性思维是指人们在想问题、办事情时习惯性地因循以前的思路，就好比物体运动的惯性。俗话说：“习惯很容易，改变很难。”惯性思维的实质就是迷信经验、凭经验办事，是思维的懒惰。经验是一柄“双刃剑”，有时对认识问题、理清思路、推动工作具有重要的参考意义；但在情境发生变化时，经验则会妨碍人采用新方法。经验的一半是失误，在新情况、新问题层出不穷的新形势下，如果不能正确认识经验，把经验学好、用活，习惯于盲目套用经验，甚至唯经验论，就会陷入“经验主义”的窠臼，难以进行新的探索和尝试，不仅不能解决问题，反而会走不少弯路，甚至撞得“头破血流”。

要杜绝“刻舟求剑”思维。世界上唯一不变的是变化，我们遇到的问题也在发展变化。实践是常新常青的，在工作中，要学会打破惯性思维，用联系的、发展的、全面的观点来看问题。要注意研究新情况、新问题，提炼新认识、新观点，不断总结经验，把握规律，使经验更好地适应实践的发展变化。

要找准矛盾的特殊性。世界上没有完全相同的两片树叶，认识事物、解决矛盾的方法也不可能千篇一律。要落实精准要求，实事求是、具体深入地分析矛盾的特殊性，找准其中的差异，对症下药破解难题，增强工作的针对性、有效性。

七十七、透过现象看本质，抓住根本与要害

本质与现象是揭示事物里表及相互关系的一对哲学范畴，可以反映人们对事物认识的水平和深度。本质是事物的根本性质，现象是事物的外部表现。任何事物都是本质和现象的对立统一，透过现象看本质是科学的基本任务之一。毛泽东同志曾指出："我们看事情必须要看它的实质，而把它的现象只看作入门的向导，一进了门就要抓住它的实质，这才是可靠的科学的分析方法。"领导工作纷繁复杂，很多问题并非一眼就能看穿看透，如果被表象干扰甚至迷惑，找不到根本与要害，决策就极易失误。

从实际出发，把握规律与特点。对领导干部来说，仅仅知道"是什么"是远远不够的。不同的工作有其自身特点和规律，要想得心应手、从容应对、体现水平，就要掌握特点、把握规律。一方面，要把平时零碎、肤浅、表面的感性认识上升为全面、系统、本质的理性认识，增强认识规律、把握规律的能力，提高运用规律的水平，从而在具体工作中增强主动性和有效性。另一方面，客观全面、深刻系统、辩证历史地看问题，坚持打破砂锅问到底，深挖细查，透过现象看本质。

分清轻重缓急，抓重点抓关键。问题有大小，矛盾有主次，面对纷繁复杂的工作，要学会运用辩证法分出轻重缓急，抓住重点、抓住关键。把握住事物发展的主要矛盾，才能产生

"牵一发而动全身"的效应；抓住工作的关键环节，才能取得"一子落而满盘活"的效果。要分清主次、合理布局工作力量，以重点带动一般，切实做到"打鼓打到重心处、工作抓到要害上"。同时，要把握关键少数，掌控关键环节，认准关键时机，牢牢把握工作主动权，集中精力，扭住不放，持续用力，善作善成。

七十八、妥协是为了更妥

妥协，是指在保持自身独立、坚守底线原则基础上的适当让步。在传统观念里，妥协常常被看作一个贬义词，意味着软弱和放弃，似乎只有宁折不弯、毫不妥协，才能显示出英雄本色。但在利益多元化的现代社会，妥协已成为政治文明的重要标志。其实在很多时候，只要方向和目标是正确的，适当的妥协和退让可以让事情变得更"妥"，没必要非得拼个你死我活、两败俱伤。博弈论也讲：当人们必须长期共处时，合作和妥协往往是明智的选择。在领导工作中，科学地运用妥协，以让步的方式化解矛盾、越过障碍，能够防止无谓的冲突，避免争执和纠缠，向着既定的目标顺利前进。从这个角度来看，妥协是一种高超的领导智慧。

要明白为什么妥协，即不忘妥协的原点。妥协不是胆怯逃避，不是为妥而妥，而是为了在矛盾中求得和解、凝聚共识、实现共赢。领导干部应该正确认识妥协，科学运用妥协，学会以局部利益换取整体利益，以短期利益换取长远利益，以最低程度的妥协换取最大目标的实现。

要明白妥协到什么程度，即把握妥协的度。妥协必须有个度，绝不是一味地退让和容忍。如果说在需要妥协的时候不妥协是战略性错误，那么在不可妥协的时候妥协则是根本性错误。妥协要把握好度，触及根本性问题、原则性问题时，必须坚决斗争，在这点上，是没有任何讨价还价的余地的。在大是大非面前旗帜要鲜明，在党规党纪面前头脑要清醒，在民生福祉面前立场要坚定。

要明白该如何妥协，即抓住妥协的要点。妥协也要讲究方式方法，能科学运用妥协艺术的人，必然懂得在恰当的时机接受别人的妥协或是向别人提出妥协，给双方留一个台阶或缓冲。要懂得谈判的技巧，既和谈又斗争，但始终斗而不破，能够以退为进，最大限度地减少损失。

七十九、未雨绸缪方能胸有成竹

未雨绸缪意思是趁着天没下雨，就要先修缮房屋门窗，比喻事先做好准备工作，预防意外的事发生。“凡事预则立，不预则废。”大到为官做事，小到生活琐事，养成未雨绸缪的习惯，提前谋划、精心规划，能够使我们心中有数、胸有成竹，在祸害发生时采取应变措施比较顺利地克服它。否则，在毫无准备的情况下，祸害突然降临，必然手忙脚乱、仓促应付、问题频发。领导干部肩负的责任重大，一定要增强未雨绸缪的前瞻性和预见性，凡事走一步看三步，不打无准备之仗，才能高效有序地完成各项工作。

居安思危，智者见于未萌。人无远虑，必有近忧。对领导干部来说，增强对事物的预见性尤为重要。要具备战略思维和大局意识，学会透过纷繁复杂的表面现象把握事物发展的方向，不随波逐流、随遇而安，善于从细微的反常信息中抓住带有倾向性的全局发展问题，及时预测事物的发展状况，运筹帷幄，周密部署，引导、指挥其向预定方向发展。

见微知著，把问题解决在萌芽状态。日常工作中，倘若能通过观察和分析，通过细小的变化和苗头来推断事物的发展趋势，就能率先把问题解决在萌芽状态，防止小问题演变成大祸患。这就要学会立足现实、思虑将来，对工作中潜在的各类隐患见微知著，周密安排，把一切保障措施及防范措施都做在平时。

八十、活在当下，思考未来

活在当下，就是活在当前、活在现在，立足于此时此地的人生思考问题，做好正在做的事，过好眼前的生活。未来，是从现在往后的时间。相对于当下来说，未来是不可预知的，但现在的一切又将会为未来打下基础、造成影响。任何事物都有未来，只有把握好现在，才能赢得光明的未来。对领导干部来说，既要把握好当下，真抓实干，又要着眼长远、思考未来。

要有活在当下的良好心境。事物都是联系发展的，工作也是一样，既有当前的基点，也有长远的终点。要想获得成功，人生每一个阶段都需要脚踏实地地工作和努力。要活在当下，把握好当下的时间、当下的人，做好当下的事，克服好一个个具体的困难，解决好一个个具体问题，学会积累等待，让每个具体任务都成为成功路上的里程碑。

要在思考中谋划未来。活在当下固然重要，但不等于不思考未来。人必须要有长远的打算，经常思考未来，才能把眼光放远、把视野拉宽，知形识势、找准前进的方向，避免在分析问题解决问题时短视造成被动局面。要根据大局大势，结合自身实际，做好计划，掌控好进度和节奏，立即做，一桩一桩地做，取得最后的胜利。

八十一、立足自身看自身，跳出自身看自身

人生是一个不断认识自我、完善自我的过程，然而要做到客观看待自己却不是件容易的事情。现实中，有的人经常自我感觉良好、夜郎自大，把自己局限在了一个较为狭窄的时空内，

殊不知天外有天、人外有人；有的人太过自轻和自贱，多萎靡少进取，总以为己不如人，自惭形秽，从而经常处于无限的悲苦之中。把自己看得高了，就会眼高手低；把自己看得低了，就会畏畏缩缩。要认清自我，最好的办法就是“立足自身看自身，跳出自身看自身”。

纵向比较，看清自己找准定位。要结合自身实际，学会用发展的眼光看问题，切实找准自己的长处与短板，不能听了几句表扬就妄自尊大、自以为是，也不能挨了几句批评就妄自菲薄、自我否定。要能够搞清楚现状是什么样、要怎么发展，找准今时今日的自身定位，吃透上情、了解下情，把自己的潜能发挥到最佳状态，不断创造出人生新的辉煌。

横向比较，用“第三只眼”看自己。“不识庐山真面目，只缘身在此山中。”一方面，要学会放开视野去比较，以旁观者的心态来审视自己，看清自己的缺点和不足，明确努力的方向和目标。另一方面，要多与别人作比较，学会以人为镜，见贤思齐，照出自己的差距和不足，不断改正错误、弥补提高，才能得到收获和成长。立足自己看自己，能够活得更加自信；跳出自身看自身，可以看得更加明白。

八十二、不知过去无以图未来

“一切历史都是当代史。”过去曾发生的事，不仅影响着现在，还会对未来产生深刻的影响，所以我们常说：忘记历史意味着背叛、不知过去无以图将来。党的十八大以来，习近平总书记在治国理政实践中，用五千年文明史、百余年近现代史阐述“中国梦”，借“霸王别姬”说不良作风之害，引“治大国若烹小鲜”思考为政之道等，展现出了宽广的历史视野、深邃的历史眼光、浓厚的历史素养。“前事不忘，后事之师。”读史使人明智，一个民族不懂自己的历史，必然会影响优良传统的继承和在继承基础上的创新。领导干部要把提高历史素养放到更为重要的位置上来，自觉养成读史的习惯，从历史中汲取继往开来的力量，更加明智和正确地把握现实、走向未来。

要传承历史，增强民族自豪感。正确认识和看待中国历史长河中的对与错、是与非，弘扬中华民族五千年发展形成的团结统一、爱好和平、勤劳勇敢、自强不息的民族精神，与时俱进，更加坚定地追求中华民族伟大复兴的中国梦。

要放眼世界，掌握大势坚定自信。从世界史中认识和理解世界，把握社会发展的客观规律，吸收和借鉴外国的优秀文明成果，接受历史唯物主义教育，更加坚定地走中国特色社会主义道路，更加坚信共产主义理想必将实现。

要以史为镜，把握现在走向未来。任何现在和未来都是历史的延续与变迁，必须充分汲取历史变迁的经验教训和方式方法，从党的历史中认识到人民群众是党的力量源泉，不忘初心使命，更加坚定地做到全心全意为人民服务，做好当下，行稳致远。

八十三、一味走别人的路，必将堵死自己的路

相传战国时期有个少年听说邯郸人走路的姿势很漂亮，就去学，结果不但没学到，还把自己原来走路的姿势忘了，最后只好爬着回去。这就是“邯郸学步”的故事。热爱学习、积极进取是值得肯定，但问题在于有没有独立的思想和主见，一味模仿照搬照抄，放弃自己的优势特色，无异于缘木求鱼，必将走进死胡同。学习借鉴要把别人的长处与自己的实际结合，形成自己的特色，决不能生搬硬套、东施效颦、亦步亦趋，以免水土不服、贻误发展，让自己迷失在别人的道路之上。

要辩证地看待别人的路。每个人的选择都不尽相同，哪怕做的是同样的事，也会因为采取的行动和时间点不同，得到大相径庭的结果。淮南为橘，淮北为枳。别人好的经验好的做法并非绝对不可借鉴，关键要辩证地看，认真鉴别筛选，好的消化吸收、为我所用。

要自信地走好自己的路。坚持一切从实际出发，坚定自信，有一股子“天生我材必有用”的气魄，不受别人干扰，不被诱惑跑偏，兼容并包，做好扬弃，开拓创新，批判地借鉴别

人的经验方法，融入自己形成个性，最终闯出一条具有个人特点的路子。

八十四、伤其十指不如断其一指

这是毛泽东同志一个著名的战略思想。意思是说，面面俱到会得不偿失，抓根本、抓要害方是上策。干工作要善于抓主要矛盾，这样就能“牵一发而动全身”，起到“四两拨千斤”的作用。然而，有的领导干部事无巨细、无主次，眉毛胡子一把抓，芝麻西瓜一起捡，整天忙忙碌碌却碌碌无为。习近平总书记指出，领导干部要注重牵住“牛鼻子”，在任何工作中，都要讲重点论，忙到点子上。只有做到忙碌而不盲目，实干、巧干而不乱干、蛮干，以点带面、全面开花，才能在复杂局面和棘手问题面前从容不迫、游刃有余。

要善于发现主要矛盾。从全局发展中找，在大局大势中发现主要矛盾；从分析比较中找，正确区分出主要矛盾和次要矛盾；从透过现象看本质中找，在实事求是、深入调研、认真分析研判的基础上确定主要矛盾，不能被纷繁的“乱花”迷住了双眼，凭表象或是主观臆想去决断。

要善于解决主要矛盾。既要有敢于直面矛盾的宏大气魄，更要有科学的方法，找准突破口和切入点，增强针对性和实效性，以不怕反复、一抓到底的坚韧精神和只争朝夕的精神状态，抓住主要矛盾不放，做好做到位，务求实效。

要通过抓主要矛盾谋求全面发展。既要重视主要矛盾，也要学会“弹钢琴”，从主要矛盾入手，集中力量解决关键问题，进而抓出示范效应、抓出带动作用，推动其他矛盾解决，推动事业发展，决不能顾此失彼、捉襟见肘、按下葫芦浮起瓢。

八十五、磨刀不误砍柴工

这是流传已久的民间谚语，字面意思是磨刀虽然花费时间，但是不耽误砍柴的效率。引申开来，就是说事先做好充分准备，虽然会花费一些时间，但并不会耽误事，反而能提高工作效率。遇事先冷静思考，尽可能多地掌握有用的信息，进而研究分析，做出决策，定能事半功倍。有的领导干部临阵了都不磨枪，遇事不是先搞清楚状况，而是急急火火地启动推进，由于事前准备不充分，中途反复试错折腾，以致事倍功半。领导工作不能靠拍脑袋临时起意，也不能“脚踩西瓜皮，滑到哪里算哪里”，而是要有备有方。

欲善其事先利其器。刀钝了，砍柴的效率自然不高。领导干部能力不济，工作也难以推进，所以要想做好工作，就要及时“充电”“加油”，真正拥有自己的“利器”，练就两把刷子。要有本领不够的危机感，不断吸收新知识、掌握新技能，苦练本领，综合统筹，凭科学的思维和专业的能力解决问题，靠真本事解决大问题。

不打无准备之仗。砍柴之前得先准备刀，还要把刀磨锋利。领导干部不论从事什么工作，都需要做好充足准备，有详细周密的安排，提前做好预案，这样才能胸有成竹。如果一味以“今朝有酒今朝醉，明日愁来明日忧”的态度应付工作，就必定会手忙脚乱、无从下手。

八十六、一把钥匙开一把锁

“一把钥匙开一把锁”原意是说不同的钥匙开不同的锁。从唯物论的角度来看，锁就是一个“问题”，而钥匙就是解决这个问题的办法，强调的是矛盾的特殊性，要对症下药才能药到病除。正是由于我们党找到了马克思主义与中国实际相结合的这把关键钥匙，才开启了中国革命、建设、改革的伟大实践这把锁，才取得了如此伟大的成功和成就。领导工作中有一些共性问题，可以用经验解决，但更多的是新情况、新问题，不可能千篇一律、大而化之地去解决，不同的矛盾只能用不同的方法去解决，做到“兵来将挡、水来土掩”。

要尊重事物的差异性。人上一百，形形色色。多样性其实就是差异性。各地情况千差万别，这种差异是客观存在的，任何工作都要紧密联系本地本单位实际，联系党员干部思想工作实际，尊重问题的差异性和特殊性，耐心细致地区别对待每一个具体问题，为每一把“锁”配好“钥匙”。

要提高方法的精准性。拿出绣花功夫，发扬工匠精神，因地、因时、因事、因人而异地开展工作，强化分类指导、跟进指导，精细化诊断问题，精确化分析问题，“量体裁衣”，精准化靶向治疗，找到最佳解决办法，找到“钥匙”开对“锁”。

要注重解决问题的实效性。钥匙配对了，扭转方向不对也是没法开锁的，乱扭还可能会被反锁。要重点“症结”重点留意、重点环节重点关注，对问题复杂程度要有基本的掌握，对可能出现的结果要有基础性的判断，做到察实情、出实招、办实事、求实效，确保问题妥善解决、矛盾迎刃而解。

八十七、纪律和规矩是“紧箍圈”，也是“安全带”

没有规矩不成方圆。高度的组织纪律性是我们党进行革命、建设和改革的重要政治优势。严明的纪律规矩是约束干部言行全面从严的“紧箍圈”，但同时也是“安全带”，可以保护干部在诱惑面前不翻车，不至于滑向犯罪的深渊。干部出问题，往往都是因为从突破纪律规矩开始。一些干部个人主义、自由主义严重，目无组织纪律，把分管领域当作“私人领域”，公私不分，搞人身依附、利益交换，直到锒铛入狱才幡然悔悟：当初要是遵守纪律规矩，就不会有今天的下场。因此，领导干部必须时刻紧绷纪律之弦不放松，戴好“紧箍圈”，系好“安全带”，遵守好纪律规矩，也保护好自身安全。

坚决把纪律规矩挺在前面。守纪律首要的是遵守政治纪律，守规矩首要的是遵守政治规矩，必须时刻把政治纪律和政治规矩挺在最前面，谁都不能拿政治纪律和政治规矩当儿戏，谁都不得越过政治纪律、政治规矩的红线，越过了就要严肃追究政治责任，就必须付出惨痛代价。

自律胜过他律。自律是高线，纪律是中线，法律是底线。要始终牢记“自己不打倒自己，谁也打不倒你”，始终心存敬畏、手握戒尺，严守工作、生活各方面的纪律，言有所戒、行有所止，自觉按纪律要求办事。

让接受监督成为自觉。始终把监督看作是一种自我保护，把自觉接受监督变为一种习惯，在“聚光灯”下行使权力，在“放大镜”下开展工作，让“咬耳朵、扯袖子、红红脸、出出汗”成为常态，让权力在阳光下运行，切实做到权为民所赋、权为民所用、用权受监督。

八十八、没有“高线”引领，“底线”最终也会失守

“底线”是最基本、最起码、最低限度的道德和行为规范，“高线”则是实现自我革新、自我提高、自我完善的一种追求。“高线”与“底线”，是一个有机整体，不可偏废、不能割裂，失去“底线”的刚性约束和强制推动，只讲“高线”无异于

竹篮打水；只讲“底线”不追求“高线”，同样也是看不到希望的。领导干部应以“高线”为终极追求，不能只停留于坚守“底线”的层面，尽管达到这条“高线”不容易，但一旦牢固确立后，坚守“底线”就会内化于心，成为一种自觉、一种需要。

要定高目标，引领高质量。远大目标能够激活创业活力，提供源源不断的内生动力。为人处事一定要不断追求“高线”，朝着“最优”目标去努力，即便在这个过程中实现不了“最优”，结果往往也不会太差。要树立“没有最好，只有更好”的理念，以更高的标准、更严的要求对待工作，提高干事质量，创造过硬业绩。

要划出“底线”，坚守不逾越。如果“底线”低，只追求过得去，不求过得硬，甚至在“底线”附近打“擦边球”，肯定会掉到“底线”以下。凡事要从坏处准备，努力争取最好的结果，在实践中发现问题、正视问题，多一些思想的预见、工作的预案，把工作放在最坏的基础上来设想，在最坏的可能性上制定政策，努力推动各项工作在现有基础上“百尺竿头更进一步”。

八十九、小心驶得万年船

这是庄子说过的一句话，字面意思是小心驾驶船只，就能安全行驶万年，寓意做事处事谨慎低调，就能长久立足于社会。凡事小心谨慎，就能行稳致远。马谡失街亭、关羽失荆州，都是刚愎自用、马虎大意犯下不可挽回的错误。小心谨慎的人，会对事物做整体的、细节性的考虑，小心评估利弊得失，并且时常反思自己的决定和行动，汲取经验教训。当然，世上少有百分之百有把握办成的事，一点风险也不敢冒的人，也难成大事。但当一个干部要撸起袖子开创事业时，讲一句“小心驶得万年船”，并不是要消解勇气，而是提醒要去认识风险，并尽可能规避风险和损失。领导干部，既要个人小心，行得正才能走得远；又要干事小心，确保不出事故不贻误发展。

校准航向再行船。航向不清，容易迷失方向，最终南辕北辙、事与愿违。道路问题是关乎党的事业兴衰成败第一位的问题，决不能在旗帜、方向、道路等根本性问题上出现颠覆性错误。要沿着中国特色社会主义正确方向，沿着历史发展趋势和客观规律，沿着正确的航向干事创业，切实做到改革不停顿、开放不止步。

小心谨慎驾驶船。小心谨慎不是窝在舒适区不干事，而是拥有干事的激情，掌握干事的方法，多方论证、谨慎决策、把控过程、收获结果。要头脑清醒，尽可能把工作中存在的各种风险挑战思虑周全，做好应对预案，始终在职在岗在状态，在不事张扬中做大事，久久为功。

九十、居安思危，有备无患

人在安逸的环境里，如果时刻考虑到危险，事先有准备，就能够避免祸患。习近平总书记强调:“领导干部都要增强忧患意识，做到居安思危、知危图安。”今天，我们虽然不用上战场流血牺牲，但不意味着可以高枕无忧，躺在功劳簿上睡大觉。新时代面临新挑战新风险，领导干部丝毫不能麻痹大意，丝毫不能放松戒备，只有全面提升对各类风险的感知力、洞察力、预判力、把控力，知风化险、防微虑远，坚决打好防范和化解各种重大风险的有准备之战、战略主动战，才能确保各项事业在安全稳定环境下推进。

要增强忧患意识。当前国际国内形势错综复杂，国外敌对势力利用一些境外非政府组织对我们的渗透从未停止，网络意识形态斗争异常尖锐，安全稳定形势严峻复杂，风险挑战无处不在。要时刻保持清醒的头脑，从政治上辨别和判断是非，在重大政治问题上立场坚定，绝不能模棱两可、暧昧不清。要看到成绩背后的问题、机遇背后的风险，辩证地看问题。

要常思应对之策。“备豫不虞，为国常道。”必须把工作的基点放在预防上，把各种可能的情况想周到想透彻，把各项应对措施制定得周详完善，确保安全、顺畅、可靠、稳固。要善于把握事物的发展趋势，对事物和现象的苗头性、倾向性问题进行正确的推测或判断，下好先手棋、打好主动仗，最大限度地把矛盾纠纷化解在萌芽状态。

九十一、侥幸是不幸的开始

每个人或多或少都有过侥幸心理，有的能够及时克服纠正，有的没有正视、不加遏制，结果一错再错，甚至跌落悬崖。心存侥幸必有不幸，一时的侥幸可能会造成一世的不幸。很多腐败分子对自己到底干了些什么、做得对不对心知肚明，就是因为心存侥幸，认为“手段隐蔽，无人觉察”或“身份特殊，关系网广，查不到自己”，才产生了“赌一把”“试一试”的想法。殊不知，“天下没有不透风的墙”，“法网恢恢，疏而不漏”，到头来“伸手必被捉”。

要慎初，严防第一次。第一次是人的心理防线，既是缺口，也是关口，抵挡不住第一次，就会有第二次、第三次。不能偶尔捡到了一只撞死的兔子就老想着守株待兔，更不能偶尔做了一次错事没被发现就老妄想着再做几次也不会被发现。要戒慎于事情发生之初，守住第一次、把住第一关，筑牢思想防线。

要慎权，有权不可任性。心存敬畏、谨慎用权，切不可把权力范围内的事当成个人的自留地，妄想自己的不法之事只有“天知地知你知我知”。不论职务多高、资历多深、贡献多大，都必须坚持“法定职权必须为、法无授权不可为”，谨记权本法授、权依法使，把握好尺度、拿捏好分寸，自觉恪守权力边界。

要慎微，勿以恶小而为之。“不虑于微，始贻大患；不防于小，终累大德。”要从小节、小事、“小意思”严起，自觉把握量变到质变的规律、正确看待轻与重、大与小的辩证关系，严防诱惑之“微”，严杜蜕变之“渐”，警惕小侥幸演化成大错误。

九十二、无事如有事时警惕，有事如无事时镇定

明代著名思想家王守仁曾说：“无事常如有事时，提防才可弥意外之变；有事常如无事时，镇定方可以消局中之危。”讲的就是没事时要警惕，未雨绸缪；有事时要镇定，冷静理智。平安无事，尤其是春风得意之时，容易放松警惕，甚至放纵自己，招惹麻烦；兵临城下时，又容易慌乱盲目，作出一些毫无意义甚至起反作用的决策。唐玄宗在开元盛世中高枕无忧，终酿成安史之乱；康熙皇帝在平定三藩的决战时刻，一反常态跑到景山游玩，坚定了拥护者的信心，震慑了想作乱的人，最终赢得胜利。领导干部既要在平安无事时警醒警惕，又要在大事来临时沉着冷静。

要防患未然不出事。牢固树立“无事就是大本事”的理念，不断增强风险意识，未雨绸缪、防微杜渐，对群众关注的热点问题及时回应，对群众反映的难点问题尽快解决，在维权中维稳，做到发现在早、处置在小，从源头上减少和消除矛盾

纠纷，避免“小事拖大、大事拖炸”。

要沉着应对不怕事。面对突发事件，既沉着冷静，又快速反应，摸清情况、冷静分析，找准矛盾和问题的根源，特别是面对群体性事件时，要做到诉求合理的解决到位、诉求无理的教育到位、生活困难的帮扶到位、行为违法的处置到位，把群众的愁容、怒容变为笑容。

要综合施策解决事。不能采取头痛医头、脚痛医脚的权宜之计和视野狭窄、鼠目寸光的短期行为，而是要形成共建共治共享的社会治理格局，综合运用法律、政策、经济、行政等手段和教育、协商、疏导等方法，平衡社会利益、调节社会关系、规范社会行为、化解社会矛盾，为经济社会和谐发展营造良好环境。

九十三、防微杜渐胜过亡羊补牢

防微杜渐是指在错误或坏事刚刚萌发的时候就加以制止，可以阻止不良后果的发生。但如果事情已经发生、损害已经造成，就只能亡羊补牢，尽量减少损失。防微杜渐注重的是预防，亡羊补牢强调的是弥补。提前做好准备、减少灾害的发生是上策，总是亡羊补牢、弥补损失，终会发生弥补不了的大事。但大部分时候，防微杜渐并不是一件容易的事，变化是渐进的，犹如从缓坡下行，有时候很难察觉，没有高度的警惕性和预见性，防微杜渐就会落空。领导干部要当“治未病”的上医，不当“治已病”的下医，事前多下功夫，注重一点一滴的细节，从源头上杜绝不良事件的发生。

要提升预见性思维。毛泽东曾说过：“如无预见，即无领导，为着领导，必须预见。”领导者要有预见，要看得更远，在事物刚冒出来、露出头，还不普遍的时候就能看见，未雨绸缪，事前做好应付的精神准备，才会赢得优势、赢得主动、赢得未来。

要妥善弥补处置。后果已经发生再怨天尤人也于事无补，关键是要妥善处置、及时止损，防止事情进一步恶化。要能处变不惊、沉着冷静，掌握分析各类信息，采取主动应对策略，争取到最好的结果，甚至把坏事变成好事。

要总结反思警钟长鸣。不管是防微杜渐，还是亡羊补牢，都要及时总结经验、吸取教训，以利再战，用最认真的态度、最强的责任心，把工作做精做细做实做完美，消灭“微”、没有“渐”，扎紧“牢”、不亡“羊”，维护好安定和谐的局面。

领导工作方法九十一条

工作方法是人们在工作过程中为达到一定目的和效果所采取的办法和手段。做工作、办事情，都要选择好路径、讲究方法。领导工作更是如此，不仅要科学决策，还必须要有正确的工作方法。毛泽东同志曾指出，如果仅仅提出任务而不注意实行时候的工作方法，不反对官僚主义的工作方法而采取实际的具体的工作方法，不抛弃命令主义的工作方法而采取耐心说服的工作方法，什么任务也是不能实现的。工作千难万难，方法对头就不难。改进领导工作方法，是提高工作效率的内在要求，是提高领导水平的必由之路。

一、高素质的核心是政治过硬，专业化的关键是本领高强

党的十九大报告指出，要建设高素质专业化干部队伍。强调“高素质”，第一位的是政治素质要高，就是要牢固树立“四个意识”和“四个自信”，坚决维护党中央权威，全面贯彻执行党的理论和路线方针政策，真正做到忠诚干净担当；强调“专业化”，就是要注重专业知识、专业能力、专业精神的统一，努力打造又博又专、推陈出新的素养结构。我们党是领导十三亿多人的执政党，党的领导干部既要政治过硬，也要本领高强，通俗来讲，就是既要靠得住，也要有本事。政治上靠不住的人，是无德之人，用了会坏事；工作上没本事的人，是无才之人，用了会误事。

要提高政治能力。政治能力不会自发形成，也不会随着党龄增加或职务升迁而自然增强。要坚定理想信念，不断锤炼对党忠诚的政治品格；牢固树立“四个意识”，坚定自觉地在思想上政治上行动上同以习近平同志为核心的党中央保持高度一致；要自觉接受党内政治生活锻炼，锻造过硬政治素质，塑造优秀政治品格，勇于经受大风大浪考验，敢于披荆斩棘、攻坚克难，在驾驭复杂局面、化解矛盾风险的政治实践中千锤百炼，更好更快地提高政治能力。

要练就几把刷子。领导干部不仅要有担当的宽肩膀，还得有成事的真本领。要把学习力作为核心竞争力，勤于学习、

善于学习，不断完善知识体系；要增强“八种执政本领”，持续提升专业化能力，坚持干什么学什么、缺什么补什么，尽快补齐能力、素质和方法短板；要坚持理论联系实际，努力加强实践锻炼，主动投身到群众最需要的地方、急难险重一线、脱贫攻坚一线去摸爬滚打、砥砺品质，去检验自我、增长才干。

二、战略上要力求保持主动，战术上要力求做到精准

战略，是一种从全局考虑、谋划实现全局目标的规划；战术，是战略的过程，是执行战略的方法。习近平总书记指出：“一个党要立于不败之地，必须立于时代潮头，紧扣新的历史特点，科学谋划全局，牢牢把握战略主动，坚定不移实现我们的战略目标。”牢牢把握战略主动，才能赢得先机，才能有效应对重大挑战、抵御重大风险、克服重大阻力、解决重大矛盾。当然，成功的战略，契合实际是基础，易于实施是关键，也就是说，还必须掌握切实可行的战术，能够把战略细化分解成可执行、可操作的若干环节和具体任务，在纷繁复杂的事物中，精准分析其主次矛盾与利害关系，抓住重点，提前谋划，精心进行战略布局，主导事物的发展方向。

知形识势，把握战略主动。“世界潮流，浩浩荡荡，顺之者昌，逆之者亡。”只有知之、顺之，才能更好地趋利避害化迂为直，而脱离了“知”的运筹，就像瞎子走路、盲人摸象，

必然抓不住关键，找不到方向。要对国际国内的经济、政治、科技、文化等领域的发展规律和趋势有深刻分析和准确掌握，知晓各自的优势和劣势，知微、知彰、知柔、知刚，对全局作出准确研判，做到有备无患、处变不惊，牢牢把握主动权。

分类施策，确保战术精准。在明确总体战略的基础上，把握不同地区、不同单位的特点，坚持从实际出发，具体化、精准化、差异化，对各项工作的目标任务、组织方式、措施方法提出具体清晰的要求，形成可操作、能落实的办法，增强措施的针对性，让战略精准落地、取得实效。

三、决策的质量与信息量成正比

信息是对客观事物的反映，人们通过获得、识别不同的信息来区分不同的事物，从而认识和改造世界，也就是作出决策、付诸行动的过程。信息是决策的重要依据。一般来说，信息量越大，为决策提供的参数就越多，决策的成功率就越高。正所谓“知己知彼，百战不殆”，这个“知”，就是要掌握大量准确可靠的信息。对领导干部而言，领导活动的成效，与其占有信息和处理信息的能力息息相关，掌握有用的信息越多，对问题看得就越清，从中发现新的机遇和新的发展方向的几率就越大，决策的回旋余地就越大，否则就会成为“无头苍蝇”，瞎飞乱撞。

要集思广益，善于听取各方意见。各方意见是想问题、办事情、作决策的“源头活水”，是防止和纠正工作偏差、减少和避免工作失误的“参照坐标”，也是检验领导干部民主作风、胸襟气度的“重要标尺”。重大决策要广泛听取意见和建议，特别是要闻过则喜，做到兼听则明，避免出现“信息孤岛”。对各方面的意见不但要多听、乐听，还要听进去、用起来，不能听归听、做归做，听时满脸真诚、听后若无其事。

要学会“降噪”，不为杂音噪音所扰。信息有质和量的区别，要进行甄别，否则就会“乱花渐欲迷人眼”，让人不知所从。要科学分类、综合分析，善于排除无效信息，保留有效信息，防止信息失真。另外，决策是有时间成本、过程成本的，当有效信息积累足够时，就要排除各种干扰，坚定自己的主张，果断作出正确的决策。

四、充分的民主，高度的集中

民主是指真正把问题敞开，让大家平等地、自由地发表不同意见，甚至允许进行争论和辩驳，是形成共识的过程；但大家的意见有时会相对分散，没有统一的认识，什么也干不成，这就必须集中正确的认识，统一政策、统一行动，是形成共为的过程。民主是集中的基础，只有充分发扬民主，才能达到正确的集中；集中是民主的指导，只有实行高度集中，才能实现真正的民主，两者相互依存、相辅相成。就领导工作而言，就是要坚持和贯彻好民主集中制，使民主基础上的集中和集中指导下的民主相结合，努力营造既有集中又有民主，既有纪律又有自由，既有统一意志又有个人心情舒畅、生动活泼的良好局面。

要“让人讲话”，反对“一言堂”。“一言堂”、家长制，以个人领导、个人专断取代集体领导，以个人决策代替集体决策，不仅严重破坏党的民主生活秩序，也容易成为滋生腐败的温床。要充分发扬民主，严格按程序决策、按规矩办事，“凡属重大问题，要按照集体领导、民主集中、个别酝酿、会议决定的原则，由集体讨论、按少数服从多数作出决定”，正确对待少数人意见，坚决反对和防止独断专行、各自为政。

要集中统一，不能议而不决。我们党所要实行的民主，本身就蕴含着对集中的要求。如果为了民主而民主，缺乏必要的集中，一盘散沙，议而不决、决而不行，组织就没有权威，民主也就变成空谈。要严明党的组织原则和党内政治生活准则，懂规矩、守纪律，集体讨论时可以畅所欲言，但决定一旦作出，就必须无条件执行，不能说一套做一套、会上不说会后乱说，更不能公开发表不同意见。

五、危险的事现场办，敏感的事亲自办，重大的事带头办，基层的事认真办

俗话说，做官先做人，做人看做事。领导干部无论职位高低，其思想品质、才华能力，最终都要通过做事体现出来。一个人的历史是靠做事来书写的，一个领导干部的政绩是靠做事来体现的。做什么事、怎么做事，不同的人有不同的标准，但对领导干部来说，敢办危险的事、善抓敏感的事、带头处理重大的事、认真办理基层的事，无疑是基本的处“事”之道。认真践行这些处“事”之道，扎实工作，就能不断地完善自我、砥砺品格，就能真正成为一个敢担当、有办法的人，真正成为一个组织放心、群众满意的干部。

要区分情况办。不同事物的矛盾具有不同的特点，同一事物的矛盾在不同发展阶段也各有不同的特点，要一切从实际出发，具体问题具体分析，对危害人民群众生命财产安全的事，要挺身而出，主动到急难险重第一线，始终和人民群众站在一起，迅速行动、果断处置，决不能有侥幸麻痹心理，或是躲在安全的场所发号施令；对比较敏感、不宜太多人知道的事，要亲力亲为，始终抓在自己手上，避免人多嘴杂、泄露消息；对事关重大、影响面广的事，要以上率下，带着大家一块苦、一块干，形成合力；对基层的事、群众的事，无论大小，都要马上办、认真干，真心诚意为群众办实事好事。

要有能力干。无论是危险的事、敏感的事、重大的事，还是基层的事，都要有一腔担当的热血和干事创业的“十八般武艺”，主动接受新事物，善于掌握新知识，能够出思路、想办法，勇于挑最重的担子，敢于啃最硬的骨头，善于接最烫的山芋，到条件艰苦的基层、国家建设的一线、项目攻关的前沿，经受锻炼，增长才干，使自己的能力素质跟上时代节拍、与岗位职责相匹配。

六、抓大放小，抓人放事，抓机放权

领导干部工作多、任务重、压力大，必须学会“弹钢琴”并且善于集中精力和时间，抓重点、抓中心、抓关键，做到举重若轻、纲举目张，如果不分主次，眉毛胡子一把抓，十个指头按“跳蚤”，往往就会“丢了西瓜拾了芝麻”，分不清轻重，抓不住要害，结果忙中出乱、忙中出错，忙而无效、忙而无果。

重要的事要牢牢抓在手上。重大问题是根本性的问题，决定事业发展的性质和最终的成败。领导干部就是要在一些重大事情上发挥关键作用，确保不走岔、不走偏，不南辕北辙。要抓大事，对一些事关全局的事情，如重大政策的出台、重大项目的实施、重大人事的调整、重大资金的使用等，都必须拿在手上，亲自定夺、亲自部署、亲自督办；要抓干部，既要正确地识别和选拔干部，也要善于使用干部，干部选好了，班子

配强了，工作自然就能出色；要抓机遇，不断增强捕捉机遇的敏锐性，提高把握机遇的自觉性，主动出击，敢于担当，真正将机遇优势转化为发展优势。

要学会恰如其分地放。适当放手，可以彰显领导艺术和领导的魅力。领导干部对下属放权，让他们各司其职、各负其责，单位才能良性运转，才能改变一人赶众人闲、上忙下闲的局面。要合理分权，做到大权独揽、小权分散，运筹帷幄，在实行明确分工、强化责任、加强监督的前提下，把事情交给下属分头办理，让下属有职有责有权，充分履行权力，充分发挥各方面的主观能动性、创造性，将“对下属的要求”转化为“下属的需要”，达到“上下同心、其利断金”的效果。

七、先运行、后创新、再出彩

运行、创新和出彩，是领导工作中一个循序渐进的过程，是事物由量变到质变的过程。运行是前提和基础，创新是方法和手段，出彩是方向和目标。运行的前提是平稳、不出事，但并不是消极等待无所作为，而是稳中求进；创新是对工作的总结提炼，是实现目标的必要过程；出彩是求进，是运行要达到的最终目标，但求“进”不是“夜半临深池”不测深浅，盲目冒进有时会不进反退，甚至会犯方向性错误。

要平稳运行，不能总是“新官上任三把火”。领导干部新到一个岗位、新任一个职务，首要任务是先熟悉情况、稳定局面，而不能为了打开局面就标新立异，以急躁的心态开展工作，一下子就想干出惊天动地的大事来，这样不仅不能实现有效的运行和出彩，甚至可能会出丑。要少烧“三把火”，多浇“三盆水”，一盆水“洗头”，时刻保持头脑清醒，增强定力；一盆水“洗手”，始终保持双手干净，清正廉洁；一盆水“洗脚”，经常迈开脚步深入基层，服务群众。

要创新出彩，没有政绩的干部不是好干部。领导岗位不是休息场所，干部干部，就是要先干一步，不干就没有进步，不干就半点马克思主义都没有，再好的规划也是空中楼阁，再美的蓝图也是废纸一张。如果只是占着位子不作为、拿着俸禄不干事，那就只是一个“庸官”“懒官”。领导干部必须恪尽职守、勤勉工作，既要想干愿干积极干，又要能干会干善于干，要把精力用到谋发展上，把心思用到求实效上，精益求精，真抓实干，要能“出活”，做出实实在在的成效，不能一张嘴巴到处讲，什么事也不干，那样即使说得天花乱坠也是白搭，还耽误事。

八、从群众中来，到群众中去

党章规定：“党在自己的工作中实行群众路线，一切为了群众，一切依靠群众，从群众中来，到群众中去，把党的正确主张变为群众的自觉行动。”在我们党的一切实际工作中，凡属正确的领导，必须是从群众中来，到群众中去，也就是说，将群众分散的、无系统的意见集中起来，经过研究，转化成集中的、系统的意见，又到群众中去作宣传解释，化为群众的意见，使群众坚持下去，见之于行动，并在群众行动中考验这些意见是否正确。如此循环反复，一次比一次更正确、更生动、更丰富。这就是马克思主义的认识论，也是我党的优良传统。从群众中来到群众中去，是我们党的初心和本源，任何时候都不能忘记我们“从哪里来”“到哪里去”的问题。

要充分尊重人民群众的首创精神。人民是历史的创造者，群众中间蕴藏着无穷的智慧，我们的力量和智慧来自群众，要经常走进群众的门槛，奔着问题去倾听群众声音，在群众中汲取营养，提炼经验，想问题、办事情、做决策都要善于问政于民、问需于民、问计于民，获取最鲜活的“第一手资料”，不断从群众中汲取智慧和力量，依靠群众来发现和解决问题。

要善于宣传引导、动员激励群众。党对人民群众的领导，就是正确地给人民群众指出前进方向，发动人民群众自己动手，争取和创造自己的幸福生活。最关键的，就是要紧紧围绕党和国家的中心任务和工作大局，坚持不懈地宣传党的理论和路线方针政策，讲清楚党的方针政策同人民群众利益的内在联系，讲清楚经济社会发展同改善人民群众生活的密切关系，引导人民坚定不移走中国特色社会主义道路，聚精会神搞建设，一心一意谋发展。

九、正确的决策离不开调查研究，正确的贯彻落实同样离不开调查研究

调查研究是对客观实际情况的调查了解和分析研究，目的是把事情的真相和全貌调查清楚，把问题的本质和规律把握准确，把解决问题的思路和对策研究透，把贯彻落实的经验做法和困难问题搞明白。调查研究是领导干部做好各项工作的基本功。没有调查就没有发言权，没有调查就没有决策权。然而，一些领导干部不重视调研、不善于调研，喜欢走“经典路线”、看样板典型，走马观花、流于形式；有的以简单的收集、查看书面材料代替实地调研。这些“浅调研”“伪调研”“被调研”非但不能发现问题、反映问题、解决问题，反而滋生形式主义、官僚主义作风。领导干部必须重视调研、主动调研、深入调研，不断强化“先调研后决策”的思想自觉和行动自觉。

要大兴调查研究之风。建立长效机制，推动调查研究制度化规范化常态化。在实际调研中既要身入，也要心至；既要多走自选线路、多看“后院”和“死角”、多看背街小巷，全面把握真实情况，又要善于发现问题、分析矛盾、“解剖麻雀”，透过现象看本质，把握住规律性的东西，切实把情况摸清楚、

把问题搞准确，让改革发展稳定的各项任务落下去，让惠及百姓的各项工作实起来。

要转化成果服务大局。调查研究的过程就是科学决策的过程，省略不得、马虎不得。要坚持把调查研究贯穿于决策和执行全过程，始终坚持和不断完善“先调研后决策”的工作机制和重大项目决策风险评估机制，既要调查又要研究，形成有情况、有分析、有建议的高质量调研报告，积极促进调研成果转化为解决问题、指导工作、推动发展的重要依据，转化为有针对性、可操作性、实效性的政策建议，让各项方针政策落地见效。

十、标准决定质量，有什么样的标准就有什么样的质量，只有高标准才有高质量

质量关乎成败，而标准的高低直接决定质量的好坏。标准高、要求严，各项工作自然会有实效；反之，工作就会虚空偏，就容易走过场。因此，无论是做事还是做人一定要高标准严要求，若工作标准不高，只求“过得去”，不求“过得硬”，总是在底线上方一点徘徊，习惯于自己与自己比，工作就拿不出实招硬招，对事情只能是敷衍了事。只有强化标准意识，从严要求，我们的工作质量、干部素质才会有大的提高。当然，实际工作中，既不能降低标准、降格以求，也不能好高骛远、不切

实际。

要高标准谋划。坚持从实际出发，从高标准、严要求和可行性出发，通过深入调研、科学论证、统筹谋划和程序设计等综合性手段，反复权衡利弊得失，制定出高标准、严要求和接地气的时间表、路线图与责任清单，不断提高谋划工作的质量。

要高标准推进。在行动上从严从细从实，绝不忽视任何一个细节、绝不放过任何一个疑点，下得真功夫、下得苦功夫、下得严功夫，力求把工作做到精致、细致、极致，做成样板，争创一流，就算“脱掉一层皮”，也要坚持到底，不断提高推进工作的质量。

要高标准评估。把全面从严治党要求贯穿于工作的方方面面，以组织放心、群众满意为衡量标准，推进科学、严格、经得起实践和历史检验的考核评估，实现外部高标准评估与内部自我加压相互作用，不断提高考核评估的质量，确保工作有高标准、落实有高质量。

十一、改革可以掌握主动权

改革是改变旧制度、旧事物，推动社会发展的强大动力，是当代中国最鲜明的时代特色，是中国掌握命运主动权的关键抉择。改革是社会发展所趋、民心所向。唯改革者进，唯创新者强，唯改革创新者胜。邓小平同志曾指出，改革是中国的第二次革命，不改革死路一条。在改革面前若是一味观望、被动、畏惧，甚至出现弊端还无动于衷、坐以待毙，等到别人来改革之时，改革就不是改革，而是淘汰与革命。只有通过改革，才能趋利避害，化挑战为机遇，化被动为主动，“运筹帷幄之中，决胜千里之外”。

要有啃硬骨头、涉险滩的改革勇气。改革是阵痛，不改革就是长痛。要拿出“明知山有虎，偏向虎山行”的勇气，坚决破除封闭、保守、陈旧、僵化的一切不合时宜的思想观念和体制机制弊端，突破利益固化的藩篱，主动探盲区、辨误区、闯难区。但改革绝非一朝一夕、一劳永逸之事，有勇更要有谋，要注重改革的系统性、整体性、协同性，真正做到正确、准确、有序、协调推进改革。

要有创新超越、下先手棋的改革行动。改革创新是引领发展的第一动力，谁能在改革创新上下先手棋，谁就能掌握发展的主动权。要培养和运用创新思维，站在前人的肩膀上、俯身基层群众的创造创新上、放眼各地的好做法好经验上结合自身实际，加快推进重要领域和关键环节改革不断取得新突破，使改革创新先行一步、先发制人、主动作为。

十二、该变革时，要及时变革；不该变革时，不能盲目进行变革

“变者，天下之公理。”世上唯一不变的就是变化。穷则变、变则通、通则久。但变革讲究时机，如果该变不变，会错失解决问题和发展的机遇；不该变的盲目变，则违背事物发展规律，适得其反。近代中国由盛到衰的一个重要原因，就是因为封建统治者闭关锁国、因循守旧，畏惧变革、抱残守缺，没有抓住时机推动社会全面变革。无论是何种阶段、什么时期采取变革，怎样把握时机，显得尤为重要。变革是由问题倒逼而产生，一定要朝着自身的问题去，力求“变”在点子上、“变”在关键处，决不能盲目地“变”、为变而变。变得好则百废俱兴，变不好则百兴俱废。领导干部要有改革的敏锐性，把握好变革力度和社会承受度的关系，当机立断，该变则变，该停则止。

要因势利导、顺势而变。从全局看“形”，从长远看“势”，抓住形势规律，紧跟时代节奏，敏于“知变”，找准关键点，抓住最好时机，因势利导、主动求变，提前进行有战略的变革；做到善于“应变”，心中有数、处变不惊，抓住最好时机，顺势而变。

要保持定力、蓄势待变。变革，不能头脑发热、急功近利，更不能随波逐流、生似蜉蝣，面对大量的思潮、诱惑和困难，不论何时、受何种压力，都要先适应、做准备、再求改变。

要把准航向、保持定力，冷静理智、养精蓄锐，等待最好时机，蓄势待变。

十三、用权如衡，唯公唯平

权的本义是黄花木，因其坚硬、难以变形，常被用于秤之杆、锤之柄和拄之杖，故权又被引申为衡器。也就是说，“权”从诞生之日起，其本源要义就是“公平”。中国传统政治文化中十分推崇“公”，认为“公生明”“民不服我能而服我公”。权力有公共属性，用权不公，造成的破坏更大。对领导干部来说，公平体现出一种思想作风、人格力量和政治品质，具有很强的现实针对性，用权公平公正，说话、做事才会有底气，做人才会有正气，才能得到干部群众的支持和拥护。否则，就会失去公信力。领导干部行使着党和人民赋予的权力，唯公唯平才能用权如衡、不失公允。

要让权力回归公器本质。权力是国之公器，公器绝不能私用。要正确行使党和人民赋予的权力，始终秉持公心，事事出于公心，时时怀着公心，处处依照公心，胸怀坦荡，敢于动真碰硬，公平公正公开办事，公道正派、克己奉公，让权力回归公器本质，永葆立党为公、执政为民本色。

要“一碗水端平”不偏不倚。牢固树立公平理念，摒弃特权思想，把自己个人的名利得失置之度外，不打“小九九”、不搞小名堂，一切按制度来、按程序走、按规矩办，自觉做到“恋亲不为亲徇私，念旧不为旧谋利，济亲不为亲撑腰”，一碗水端平，一把尺量准，不看亲疏远近，不搞内外有别，不拿原则做交易，不给投机钻营者有可乘之机，站稳立场、守住原则。

十四、大权集中，小权分散

人的精力是有限的，不可能一个人包打天下。领导干部也一样，倘若事无巨细，“眉毛胡子一把抓”，则会疲于应付琐事，难以集中精力攻大事、难事、要事，顾此失彼、难出效率。“大权集中，小权分散”，是授权管理的一种方式，也是一种领导艺术。有的领导干部不懂授权放权，大权独揽，疲于奔命，要么出于对下属能力的不信任不敢放，要么是极度权力欲，大权把着，小权搂着；有的走另一个极端，该放的放了，不该放的也放了，当甩手掌柜，完全大撒手，放任自流。二者都是领导授权过程中的大忌，严重影响领导行为的科学性和有效性。领导干部要学会合理授权，授之有度，授之有方，努力攻克“一统就死、一放就乱”的历史顽症。

要有收有授，灵活适度。把握好授权的度，重要的人事权、核心的决策权、带有全局性的指挥权、总的审批权等要抓牢并用好。其他一些小的权力，应紧紧围绕工作任务和目标的完成、依据个人能力等灵活下放，并实时掌握工作进展情况，发生偏差时，及时纠正并予以指导，如果出现严重失误，要及时将权力收回、调整。

要带责授权，跟踪管控。授之以权，负之以责。有多大权力就该负多大的责任。要让被授权者清楚地知道自己手中虽然有着权力，但是对应的要负有一定的责任。把控过程，监督管理，确保授权后权力始终在正确的轨道运行，防止出现有权无责或有责无权的脱节现象。

十五、有权永远不可任性

任性就是由着性子，毫无约束，像小孩子一样想干什么就干什么。权力是党和人民赋予的，是公器，是用来为人民服务的，用得规矩、用得好，则开创事业，利国利民。如果想怎么用权就怎么用权，那就乱套了，就会是非不清、公私不分，胆大妄为、违法乱纪，欲望爆棚、追蝇逐臭，给事业带来不可估量的损失损害。那些自以为“安全着陆”“刑不上大夫”的、“小事无妨”“天高皇帝远”的、“法不责众”心存侥幸的，莫不自我膨胀、自我毁灭。领导干部的身份和职责决定了自己不同于普通人，必须用权遵规、言行有度，有权永远不可任性。

要让权力在法治轨道上运行。谨记“法无授权不可为”，牢固树立法治意识，增强法治观念，培养法治思维，强化法治实践，做依法治国的引领者，知法、守法、懂法，让手中的权力沿着法律的轨道运行，依法用权、按法行事，才能不踩“红线”、不触“高压”、不越“雷池”。

要在阳光下行使权力。阳光是最好的防腐剂。要把权力置于阳光之下，养成在党纪国法约束下、社会舆论监督下的工作习惯，推行阳光政务、公开透明，时时接受群众的检验，不断增强政治敏锐性，真正让接受监督成为自觉。

要心存敬畏谨慎用权。官有所畏，业有所成。权力是把双刃剑，可以成就人，也可以毁灭人。大道至简，有权不可任性。要保持敬畏，牢固树立法律面前人人平等、制度面前没有特权的意识，对权力始终保持如履薄冰的警觉，谨慎用权、廉洁用权，切不可一朝权在手，便把令来行，任性妄为。

十六、善于用权，但不当甩手掌柜

甩手掌柜就是光指挥别人，自己什么事也不干，或是只挂名、不负责、不做事。领导干部要善于用权，就是要学会合理分配权力，把身边人的积极性调动起来，实现最大效益。但是，善于用权不是当“甩手掌柜”，把所有工作、权力都甩出去，假他人之手来完成，转移工作压力，要事、琐事一并“甩手”，自己躲在一边享受，长此以往，必将导致干部队伍涣散、使命意识缺失、领导干部“缺位”。然而现实中，仍有一些领导干部打着善于用权的幌子，或是委任“钦差大臣”，全权处理大事要务；或是依靠甚至依赖下属，“事事扭头问”，把职责、义务抛之脑后，把职位当享受、当休息场所，这样的干部根本不配拥有权力。领导干部要善于用权，合理用权，万不可当“甩手掌柜”。

掌权更要担责。权力就是责任，有责任就要担当。要切实增强责任感和紧迫感，对待本职工作不推不让、不躲不避，对全局工作总揽不包揽、领唱不独唱、分工不分家，善于统筹协调，学会“弹钢琴”，决不能有了问题就自己躲到一边。要用好问责的板子，让干部切实把该扛的责任扛起来，在履职尽责中用好权力、发挥作用。

放权但不放任。对信任者放权，但不是不闻不问。要放手放权让干部充分发挥主观能动性，大胆工作，创造业绩；又要管人管事管思想，关心关爱激励约束并重，始终把人和事保持在可控范围，确保既抓出工作成绩又培育锻炼人。

十七、用得正人，为善者皆劝；误用恶人，不善者竞进

选人用人导向是“风向标”，是政治生态的“晴雨表”，用什么人就有什么样的干部作风，乃至什么样的党风。选用了德才兼备的人，向上向善的人都会得到劝勉；误用了不好的人，坏人都会竞相挤进来。八面玲珑、看风使舵的人受到重用，坚

持原则、一身正气的人就会避而远之；溜须拍马、蝇营狗苟的人得到提拔，光明磊落、大道直行的人必然羞于与之为伍；投机取巧、弄虚作假的人春风得意，脚踏实地、埋头苦干的人就没有用武之地。一旦出现这种“劣币驱逐良币”的“逆淘汰”现象，便会产生很坏的“示范效应”，让一些人身不由己或是“潜移默化”地被裹挟其中，助长不正之风的蔓延，污染政治生态。

要用好的作风选人。加强党性锻炼和作风修炼，把公道正派作为核心理念贯穿选人用人全过程，公道对待干部、公平评价干部、公正使用干部。坚持任人唯贤，克服一切私心杂念，排除一切干扰阻力。坚持实事求是，事业需要什么人就配什么人，岗位缺什么人就补什么人。要经常性、近距离、有原则地接触干部，全方位、多角度、立体式考察干部。

要选作风好的人。坚持德才兼备、以德为先，把好干部标准贯穿在干部选拔全过程，大力选拔重用那些政治过硬、本领高强的干部，选拔重用那些“有信念、有思路、有激情、有办法”的干部，选拔重用那些心系群众、扎实工作，敢拼敢闯、有能力有作为的干部。让阳奉阴违、跑官要官者没市场、受惩戒，不让脚踏实地的好干部吃亏，以用人环境的风清气正促进政治生态山清水秀。

十八、以事择人，人岗相适

以事择人，就是围绕事业需要科学选人，依据岗位要求择优用人；人岗相适，就是选用的人能力素质、气质水平要与事业、岗位相匹配。以事择人则促进发展，人岗相适则干劲十足。如果把人和事剥离开来，搞成两张皮，因人设岗、萝卜招聘，把能力不足的人放到责任重大的岗位，不仅会阻碍事业的发展，也会让干部自己痛苦不堪。以事业需要选人，把合适的人用到合适的岗位上，既是对事业负责，也是对干部负责。领导干部要提高站位综合考虑，该用什么人就用什么人，什么人合适就用什么人，提高干部选任的人岗相适度和专业匹配度，切忌搞“潜规则”“厚黑学”。

要把研究人和研究事结合起来。在选人用人前，既要研究事，弄清事业发展需要什么样的人，弄清岗位职责需要什么样的人，才能心中有“数”、胸中有“谱”；也要研究人，全面了解每名干部的基本素质和综合素质状况，客观公正地评价其长处与不足，摸准其最适合干什么、不适合干什么，把人摸透。只有把事情和岗位研究透，把干部能力素质考察清，统筹考虑事业发展与干部成长两个关键性因素，事业需要什么人就配什么人、岗位缺什么人就补什么人，才能真正做到人与岗相适、事与人相长。

要配强班子互搭互补。不同音符的组合才能谱出优雅、和谐的乐曲。要注重领导班子的调配，成员之间知识、专业、经历、气质、个性、能力的互相补充、互相包容和互相完善，重视老中青干部梯次配备，既有善谋的，也有善断的；既有善守的，也有善战的；既有专才，也有通才，形成强大工作合力。

十九、抓要害、办实事、管住人

抓要害就是抓重点、抓关键，分清主次缓急，而不是撒胡椒面、平均用力。办实事就是真抓实干，而不是搞形象工程、做表面文章。管住人就是抓好班子、带好队伍、管好下属。领导干部日常事务繁杂，精力和时间有限，不能把精力平均分配到所有事情上，想把工作做得卓有成效，就需要在抓人、抓事、抓重点这三门功课上不断修炼，才能推进事业发展，自身的领导力才能不断提高，切忌东一榔头西一棒子，讲话没人听、办事没人跟。

关键抓抓关键。要善于抓住核心要害，善于抓住主要矛盾和矛盾的主要方面，善于抓大事，抓管方向、管全局的事。如果眉毛胡子一把抓，其结果可能是什么都抓了而什么都抓不好，事倍功半，成效甚微。只有集中力量找出主要矛盾、攻克主要矛盾，才能找到解决复杂问题的重点，达到纲举目张、掌控全局、以点带面、事半功倍的目的。当然，抓重点也不能什么都作为重点，都是重点就没有重点，不能贪大求全、主观臆断定重点，必须紧贴实际。

务实干办实事。衡量一个干部的好与差，一个重要方面就是看他能不能办实事、能不能打开局面。要带头弘扬求真务实精神，抓实事，求实效，真刀真枪干一场。牢固树立“民之所忧，我之所思；民之所思，我之所行”的意识，把群众关心的问题想到，把群众急需解决的困难帮到，尽心尽职地为群众谋利益，从小处做起，从细微入手，一步步一点点地解决群众急需困难。

管好人引导人。谋事在天，成事在人。人是核心因素。要做到用制度约束人、用制度激励人、用制度规范人，既要管事，也要管人、管思想。要在制度的设计和执行上下功夫，以刚性的制度约束使每一名工作人员调整到最佳的工作状态。要在能够激发广大干部主观能动性的考评办法上下功夫，教育和引导广大干部把心思和精力用在干事创业上，充分调动他们的主动性和创造性，用科学有效的考评制度激励人、鼓舞人。

二十、海纳百川成其大

不积小流无以成江海。大海之所以大，是因为它既不拒绝支流小溪，也向大江大河敞开怀抱，有吸纳各方的气度和容量，有包容万物的胸襟和气魄。这样的气度容量、胸襟气魄，值得每一个人学习借鉴。气度和胸襟决定了一个人发展的上限，决定了事业和命运能达到的高度。如果孤僻固执、坐井观天，故步自封、僵化落后，一味活在自我的世界，路子肯定越走越窄，人会越做越“小”；如果一肚子“小九九”、满脑袋小算盘，私心多了，公心也就少了，干事创业就难免因小失大、因私废公。领导干部是为人民服务的，更要有海一样宽广的胸怀、天空一样包容的气魄，团结一切可以团结的力量做大事。

要博采众长，为我所用。坚持开卷有益，博览群书，努力拓宽知识面，开阔视野，提升理论水平。当知“天外有天，人外有人”，要留心观察学习，做有心人，能分辨出别人的长处所在，广泛吸收借鉴别人思想理念和方法技能方面的优点，取长补短、扬长避短。不能盲目自信，封闭自我，排斥先进的技术、理念、知识；不能拒绝别人的帮助和参与，要能从五湖四海吸纳优秀的人才不断加入。

要兼容并包，容人容言容事。容得下比自己优秀的人，懂得欣赏别人的长处，别人某些领域的见识超过了自己的时候，要点赞支持而非妒忌打击；在维护原则的前提下对他人的短处要有所包容。要有容得下言的大肚量，广开言路，听得进不同意见，正确看待批评意见，对于带刺的话甚至讽刺之词，要顾全大局，学会隐忍。要有容得下事的大格局，只要是有利于发展大局的事，不管对个人有何种影响，都要全力支持。

二十一、要有慧眼识才的本领

千里马常有而伯乐不常有。世界上并不缺少美，而是缺少发现美的眼睛。再优秀的珍宝没有慧眼识珠之人，都是一块破石头，无法发挥自己的优势，无法展现出自己的绚烂之美。选贤任能也是一样，如果没有一双火眼金睛，很难发现优秀人才，就会埋没人才，贻误事业发展。毛泽东同志曾经说过："领导者的责任，归结起来，主要地是出主意、用干部两件事。"而用干部首先要识别人才。识才是一个"剖石为玉，淘沙为金"的过程，拥有一双识才辨才的慧眼，是领导干部应着力练就的"硬功夫"和"真本领"。

不看一时一事，重在一贯表现。"试玉要烧三日满，辨材须待七年期。"要全面认识一个人才，仅靠一两件事、一两次接触是远远不够的，要在平时多下功夫。要坚持全面历史辩证看，注重一贯表现和全部工作，通过认识、熟悉、比较，观察、倾听、分析等方式，加强综合研判，弄清楚哪个人强、哪个人弱，强在哪里、弱在何处，搞清楚干部从哪里选、人往哪里配，真正把人才发现出来。

既看现状，更看潜能潜质。一个人过去有能力，不代表现在有能力、现在能力强，不代表将来能力行。既要用实事求是、求真务实的态度，将学历、业绩、专业素养、能力水平等现状看得一清二楚；也要用全局的、发展的、长远的眼光，透过身上的现状，看透身上隐含着还未显现出来的品质、潜能和潜质，还要看透他的智商、情商、逆商、胆商等，看清有没有培养价值、培养前途，道德品行方面有没有瑕疵。

不把个性当缺点，不因个性误人才。每一个人都是个性和共性的统一体。要包容、尊重和客观公正地对待每个人的个性特征，以海纳百川、有容乃大的眼光和胸怀，观其大节，略其小故，多一些理解包容，少一些排斥非难，不能采取限制或者打压的办法，在求大同的基础上，允许存在个性差异。

二十二、知人是前提，信任是关键，育人是根本

选人用人是领导干部的基本功，知人是选好用好人的前提，就是要知道这个人的基本素质和综合素质状况，就是要把人摸透。识别出英才就要大胆地用，充分地给位子压担子，使得人尽其才。党的事业是继往开来、薪火相传的，要保证长期执政，根本还在于培育一大批忠诚干净担当的干部，打造一支高素质专业化的干部队伍，为党和人民事业发展提供干部人才支撑。

要经常性、近距离、有原则地接触干部。接触干部是了解干部的最直接、最有效方法，要走出机关、走进干部群众，通过观察对群众的感情，看其品质情怀；观察对待名利的态度，看其境界格局；从履行岗位情况，看其工作态度；从重大关头、关键时刻处理问题的过程和结果，看其能力和水平；从日常生活表现，看其作风形象。通过观察、倾听、有原则接触，真正

把好干部发现出来。

使用是最大的信任。用人不疑，疑人不用。干部的成长离不开党的培养和人民的信任，好干部成长起来了，培养出来了，关键还是要用。要有爱才之心、识才之眼、用才之胆，对选准的干部要大胆使用，坚持用其所长、用当其时、用当其位，扬长避短，放大优势效应。

育人方可源远流长。激活干部队伍建设的源头活水，要在抓好教育培训上下功夫，加强宗旨意识教育、公仆意识教育、能力素质教育，补足精神之“钙”，打牢履职尽责的专业基础。要强化干部实践锻炼，将干部放到不同层级、不同岗位、不同职务上墩苗历练，优化成长路径。要严管厚爱，充分调动干部积极性、主动性、创造性。

二十三、得人之前必先得其心

得人心者得天下。只有得到了人的真心真意，他们才能不离不弃，组织也才会有生存与发展的动力。刘备在为徐庶饯行时亲自为其牵马，送了一程又一程，获得徐庶回马荐诸葛并立下“终生不为曹设一谋”的诺言，一个行为得到了两个人的忠心。毛泽东同志说，我们都是来自五湖四海，为了一个共同的革命目标走到一起，我们还要和全国大多数人民走这一条路。中国共产党从建党之初的十几名党员，发展到今天有 8900 多万党员的世界第一大执政党，其中最根本的一条经验就是把有共同价值追求、相同理想信念的人聚集起来，团结起来。领导干部得人，就要有说话有人听、办事有人跟的控制力，有一呼百应的号召力。

要用共同的价值观聚拢人。志不同不相与随，道不合不相为谋。越有共同的文化渊源、价值取向，所形成的关系就越紧密，具有更浓厚的认同感和归属感，也就更能留得住人、干得起劲。要注重凝聚那些与组织具有共同价值追求的人和拥有共同理想信念的人，不断宣扬核心价值观，把他们紧紧凝聚在组织周围。

要以情动人、以诚留人。最感动人的力量是真情和真诚。要以情待人、将心比心，用真心换真情，肝胆相照、荣辱与共。要提供施展才华的舞台、营造舒适的工作环境，用干事创业的舞台留住良才。要加强与他们沟通交流，用好谈心谈话这个法宝，及时发现问题，纾解情绪，帮助解决实际困难，努力形成心齐气顺的良好局面。

二十四、知识育志，困难励志，能力成志

志就是志向、志气和意志。人无志向不立。有志者沉甸甸底气十足，无志者轻飘飘随波逐流。“志之所趋，无远弗届，穷山距海，不能限也。志之所向，无坚不入，锐兵精甲，不能御

也。”周恩来同志从小就立志要为中华崛起而读书，历经磨难矢志不渝，终得偿所愿，为党为国鞠躬尽瘁、死而后已，青史留名。但有的领导干部缺少志气，鼠目寸光，总想着个人乌纱帽，团团伙伙、蝇营狗苟，把关系搞得庸俗不堪，最终在卑躬屈膝中苟且、在物欲横流中庸俗。领导干部志气风骨最重要，切不可随意丢弃，必须培育志气、磨砺意志、坚定意志，方能昂起高贵的头颅，在伟大事业中砥砺奋进。

要博学广才，以知识培育伟大志向。伟大志向可以通过学习积累获得。作为领导干部，特别是年轻领导干部，要广泛涉猎，向书本学，向群众学，向实践学，既要多读有字之书，增强理论水平；又要多读无字之书，在社会这所大学中感悟成长，立志做大事、不要立志做大官，累积起与伟大志向相匹配的知识水平、眼界眼光，进而不断丰富伟大志向的底气和内涵。

要迎难而上，以困难磨砺坚强意志。有志者，事竟成。前进的道路难免坎坷不平。困难固然会让前进的道路变得曲折和艰难，然而经历过困难磨炼的人，必定更加坚韧更加坚定，激发出最大的潜能，在艰难困苦中“淬火”，不断砥砺志向的韧劲和弹性，练就“千磨万击还坚劲，任尔东西南北风”的坚韧意志力。

要增长本领，以能力成就高昂志气。要使志向变为现实，归根到底要通过本领去实现。领导干部如果空有一腔担当的热血，却没有干事创业的“十八般武艺”，不仅成不了事，反而会让人觉得“金玉其外，败絮其中”。不仅要想干愿干积极干，更要能干会干善于干；不仅要有担当的宽肩膀，还要有成事的真本领，练就“八种本领”，提高驾驭复杂问题的能力，用真功夫真本领去实现鸿鹄之志。

二十五、利民之事丝发必兴，厉民之事毫末必去

领导干部是人民的公仆、人民的勤务员，凡是有利于群众的事，再小也要去做；凡是不利于群众的事，再小也要去除。它从根本上反映了领导干部为官从政的政绩观，解决了为谁服务、怎么服务的问题。我们党始终把全心全意为人民服务作为根本宗旨，努力维护好、实现好、发展好最广大人民根本利益，把人民拥护不拥护、赞成不赞成、高兴不高兴、答应不答应作为衡量一切工作得失的根本标准。有了为民服务的理念，还必须有兴利除弊的担当和勇气，更要有“群众利益无小事”的情怀，从点点滴滴的小事做起，把每一件小事做好，让最大多数的群众满意。

要坚持以人民为中心的发展思想。人民对美好生活的向往，就是我们的奋斗目标。要把人民放在心中最高位置，坚持以民心为贵、以民生为重，从群众的现实需要出发，站在群众的角度思考问题，真诚倾听群众呼声，真实反映群众愿望，真情关心群众疾苦，始终做到发展为了人民、发展依靠人民、发展成果由人民共享。

要抓住民心民意的关键。最是小事见真情，最是细处见人心。群众身边每一件琐碎的小事，都是实实在在的大事，有的甚至还是急事、难事。每一分错误，在群众那里都会加倍负担；每一分改进，也都会具备乘数效应。要把群众呼声作为第一信号，把群众需求作为第一选择，多从群众面临的难题入手办事情，多从群众不满意的事情抓起改起，通过解决好一件件与群众息息相关的小事，赢得民心、赢得事业、赢得未来。

二十六、下决心之日就是吉日

吉日就是诸事皆宜、不避凶忌的日子，是古人根据天体星象运行变化对人类影响的规律制定出来的，为我们的先人趋吉避凶提供了一定的参考与选择。这种择吉文化自古以来就深入人心，无论是婚丧嫁娶、出行祭祀，还是安床架灶等，都非常重视选择良辰吉日。选择吉日归根结底是为了获得一种积极的心理暗示，从而增强做事的信心，最终求得满意的结果。但事实上，吉日并不是决定事情成败的关键。凡事只有下定决心，努力去做，坚持不懈，才可能有所收获，取得成功。从这个角度来说，下决心之日才是“吉日”，改变，从来都不晚，很多时候就是这种改变，使事情否极泰来。

要坚定信心，及时决断。任何事情，都不能等到所有条件都成熟以后才去做，那样只会将机会拱手让给他人。要活在当下，时时想到现在，凡是认定的事情，就要敢断他人所不敢断，迅速作出决策并立即付诸实施，方能抓住机遇，乘势而为。

要坚持不懈，持之以恒。“苟有恒，何必三更起五更眠；最无益，只怕一日曝十日寒。”干事创业不是“一阵风”，它没有“中间状态”。无论何时下决心，只要用心坚持，发扬“滴水穿石”精神，一干到底、久久为功，一锤接着一锤敲，一颗接着一颗钉，以不抓成果不松手、不达目标不罢休的决心和韧劲，善始善终、善作善成。坚持到底就是胜利，如此下去，每天都是吉日。

二十七、不顾大局，最终只有出局

顾全大局，就是以整体利益为重，凡事从大局出发，在事关大局和自身利益的问题上，能以宽广的眼界审时度势，能以长远的眼光权衡利弊，自觉做到局部服从整体、自我服从全局、眼前服从长远。不谋万世者，不足谋一时；不谋全局者，不足谋一域。有什么样的大局观，就有什么样的胸襟气度和处事格局。如果只盯着自己的一亩三分地，片面强调本地区本单位或分管部门的利益，就会变成本位主义，只见树木、不见森林。领导干部要始终明白一个道理，局部利益只能在融入全局发展中去谋求，什么时候都不能置于整体利益之上，否则，就会影响全局、损害整体，其结果必然是“大河没水小河干”，最终必定出局。

要正确认识大局。大局决定局部，整体高于个体。要增强大局意识，以高瞻远瞩的政治见识和无比开阔的博大胸怀，把握现在、透视未来，清醒认识当前所处的历史方位和面临的机遇挑战，做到不因局势纷繁复杂而迷失方向，不以局部小有成就而沾沾自喜，不为损失眼前利益而倍感纠结，以求实创新的勇气、敢为人先的锐气、蓬勃向上的朝气闯出改革发展新路子。

要坚定服务大局。对领导干部来说，树立“一盘棋”思想尤为重要。做任何事情，都要跳出以自我为中心的窠臼，自觉把各项工作融入党和国家的工作大局之中去思考、谋划和部署，找准工作的结合点和着力点，只有这样，才能摆脱自身局限性，找准前进的方向，才能围绕中心、紧跟节奏，也才有可能取得成绩。

二十八、不担当，其实就是不忠诚

忠诚之魂在于担当，对党忠诚就要为党分忧，以敢于担当检验绝对忠诚。“对党忠诚”不是一句时髦的话语，也不是一句空洞的口号，必须体现在对党和人民的事业的担当作为上。担当是作风问题，更是政治问题，不担当就是不忠诚，就是没有政德。一个对党和人民缺乏忠诚热爱、坚定信念的人，精神上就会因为缺“钙”而得“软骨病”，就会怕担当、不担当、伪担当，口头上说担当，行动上却退缩，这样的人就连当干部的资格都没有。只要是为了党的事业、人民的利益，该做的事顶着压力也要干，该负的责冒着风险也要担，才能永葆共产党人一切为了人民利益、一切忠诚于党和人民的政治本色。

要提振敢担当的勇气。担当是需要勇气的，轻轻松松的事不需要担当，难事大事才需要担当。要坚持原则、认真负责，平常能看得出来，关键时刻能冲得出来，危难时刻能豁得出去，面对大是大非敢于亮剑，面对矛盾敢于迎难而上，面对危机敢于挺身而出，面对失误敢于承担责任，面对歪风邪气敢于坚决斗争。

要提升会担当的能力。真担当要有真本事。不管是甘于担当、敢于担当还是善于担当，最后都要靠实绩来检验。领导干部要练就“几把刷子”，增强“八种本领”，使自己的能力素质跟上时代节拍、与岗位职责相匹配，变“本领恐慌”为“本领自信”，以勇于担当、善于作为的底气，赢得主动、赢得优势、赢得未来。

要涵养争担当的生态。人人都是环境，个个都是生态。好的风气需要好的政治生态涵养。要在政治上激励、工作上支持、待遇上保障、心理上关怀，推动构建风清气正、担当作为的良好生态。为真正担当的干部“开绿灯”，给负责的干部“兜住底”，替实干的干部“上保险”，进一步激发干部改革创新的激情和干事创业的活力。

二十九、熬得住，出众；熬不住，出局

王阳明说，人须在事上磨，方能立得住，方能静亦定、动亦定。好干部是磨砺出来的，其实也就是“熬”出来的。熬，不是逆来顺受，不是认命妥协，是在逆境中不断提高自己、积蓄力量。事业任重道远，责任重于泰山。领导岗位不是休息场所，就是要吃苦受累、经受煎熬，只有当几回“热锅上的蚂蚁”，经历过几件让人挠头的事，才能获得明显的进步。如果一个人心浮气躁，坐不住“冷板凳”，总想着提拔高升，得不到提拔便心存不满，就认为组织亏欠了他，精神颓废、怨天尤人，难免会一事无成，“泯然众人矣”。

要等待积累，熬得住。干部的成长是有规律可循的，需要经过必要的台阶、递进式的历练和培养。熬过疾风暴雨，人就变得坚强；熬过痛苦失败，就能看到新的光亮。要注重墩苗淬火，静得下心，沉得住气，停下来为自己充充电，不断提升能力素质、格局境界、道德修养、纪律意识，为前进积聚更多能量。

要干出实绩，能出众。麻袋里的锥子迟早要冒尖。组织和群众的眼睛是雪亮的，只要踏踏实实为老百姓做实事、办好事，用实干实绩向组织汇报、向群众交代，就一定能获得组织和群众的认可，从而脱颖而出。

三十、进取中不忘稳健，稳健中不忘进取

稳健是指行为上稳而有力，不轻浮冒失；思虑上周密细致，不轻信浮漂，让人觉得靠谱、认真、踏实。一个人要稳健做人、稳健做事，才能保稳求胜、解决问题。但是，工作要创新发展，一味的稳健是不行的，还应在稳健的前提下积极进取。不稳，必然会寸步难行；不进，只能是死水一潭。稳健为进取提供保证和支撑，进取则可以巩固提升稳健的水平，两者相辅相成、相得益彰。领导工作必须坚持科学方法，正确处理好稳健与进取的关系，既要防止求稳怕进，又要反对盲目冒进。

要在积极进取中防范风险。积极进取是一种人生态度，也是一种做事方法。策略上讲求稳健，并非不进取，相反是在积极进取时考虑风险和责任。领导干部必须清醒地认识到，形势在发展，情况在变化，既要有防范风险的先手，也要有应对和化解风险挑战的高招，居安思危，赢得主动。

要在平稳发展中奋发有为。不断追求不断创造更大的社会价值和人生价值，是人之本性和动力。如果只自满自足于眼

前的发展成绩，“小富即安、小进则满”，享受当下、乐于安稳守成，就会逐渐丧失“主动变革”的动力。要冲破束缚、敢于争先，主动作为、奋发有为，抓实抓细、抓常抓长，打通稳健发展的“中梗阻”、架设进取发展的“快车道”，有所作为。

三十一、逃避不是办法，知难而上往往是解决问题的最好手段

人的一生，有些东西是绕不过的，除了生老病死，还有前行路上的困难，一味地逃避不是办法，你不解决，它总会在某个时刻等着你，甚至倒逼你。大石拦路，勇者视为进步的阶梯，弱者视为前进的障碍。走进新时代，我们仍需跨越“雪山”和“草地”，仍要征服“娄山关”与“腊子口”。如果遇见困难就绕，见到矛盾就躲，看到问题就跑，问题永远横在通往成功的道路上。为官避事平生耻，解决问题是领导工作的本质，必须直面困境、较真碰硬，把困难消灭，把问题解决。

要有攻坚克难的“亮剑精神”。狭路相逢勇者胜，进行具有许多新的历史特点的伟大斗争，党员干部必须以“明知山有虎，偏向虎山行”的英雄气概，以“舍我其谁”“横刀立马”的霸气，迎难而上，勇于担当，勇于作为。

办法总比困难多。“世上无难事，只要肯登攀。”要善于发现问题、分析问题、解决难题，使出浑身解数，穷尽一切办

法，身体力行，在困难危急中找到解决问题的最佳手段，在艰难困苦中实践锻炼、磨砺成才。同时，他山之石可以攻玉，要善于借助外力，结合实际，用发达地区已经检验成熟的方法经验解决问题。

三十二、一步一步接近目标，其实是行之有效的方法

“不积跬步无以至千里”，光有远大目标还不够，还要善于将目标具体化、阶段化，也就是要有短安排，从细从实，一步步给自己制定一个小的目标，计划好每一步要完成的事情，这样不仅能够知道每一步要做些什么、做了什么，还可以对工作进行有效控制，及时纠偏纠错，让每一步的小目标、短安排的成绩，都成为成功路上的阶梯和里程碑。倘若大而化之、抽象粗放，再高的目标，再好的蓝图，都会落空。领导干部要做足功课、下足功夫、精益求精、久久为功，目标高耸入云，行动脚踏实地，一步一个脚印，用苦功实功搭桥，用韧劲恒心开路，排除万难，接近目标、实现目标。

要在“小”字上下功夫。干事和成长都没有捷径可走，唯一的途径就是不断付出艰辛努力，一步步积累经验、取得政绩、得到认可。要吃苦耐劳，扎根基层，从小事做起，从身边的事做起，不断在实践工作中找准自身差距，一步一步向前，每天进步一点点，积少成多，聚沙成塔，不断提升自己的能力

素质。

要在“常”字上使韧劲。目标的实现需要力量的支撑，但更需要持续的坚守。不能三心二意，猴子掰棒子，抓一个丢一个，如果这样就什么事也做不成。要发扬钉钉子精神，一件事不做则已，做必做到底，做到最后胜利。要咬定青山不放松，一茬接着一茬干，做好做透做实每一件事，用足够的耐心和韧劲来面对工作生活，不折腾、不反复，久久为功、绵绵用力、一抓到底。

三十三、胆要大，心要热，头要冷

谚语讲：“心要热，头要冷，胆大心细有作为。”也就是说，要想干成事，既要胆大，又要步稳。领导干部岗位特殊，往往承担着一个地区、单位的重要工作，如果“没有一点闯的精神，没有一点‘冒’的精神”，不敢大胆试、大胆闯，就走不出一条好路，就干不出新的事业。但大胆去闯去干也绝不意味着乱闯乱干，还必须头脑冷静，讲究方式方法，把每一步走好、走稳，才能带领干部群众走出一条跨越发展的新路子、好路子。

要有先试先行的勇气。胆子不大难成事。面对各种困难、阻力，要敢于冲破思想观念的束缚，敢于革除体制机制的弊端，敢于突破利益固化的藩篱，敢于破除条条框框的限制，敢闯敢试、敢冒风险，迎难而上、快步向前，创造性地开展工作，闯出新路子，开创新局面。

要有干事创业的激情。没有激情难干事，缺乏激情事难干。要不断增强责任感、使命感，始终保持“躺着想事、坐着议事、站着干事”的工作激情和宵衣旰食、夙夜在公的工作干劲，时刻把自己融入到经济社会发展的洪流之中，忠诚为党、服务为民，不断激荡起让人夜不能寐的梦想与奋斗精神。

要有三思而行的冷静。善于用理性驾驭自己的激情，把高昂的斗志和理性的思维相结合，一方面，要善于审时度势，养成沉着冷静分析问题的好习惯；另一方面，要学会尊重科学，按客观规律办事，科学论证，民主决策，敢干而不盲干，以更加铿锵的步履砥砺前行。

三十四、善于总结

总结就是在事后进行回顾梳理、分析评价，目的是对取得的成绩进行肯定进而得出经验，对失败和错误深入检查，找出原因，以利再战，是一种重要的工作方法。善于总结者，能够把零散的、肤浅的感性认识上升为系统、深刻的理性认识，最终指导实践、取得实效。毛泽东同志也曾说：“我是靠总结经验吃饭的。”现实中，一些领导干部不注重、不善于总结反思，经常在同一个问题上绊倒两次，这也是影响个人成长进步的重要原因。领导干部要把总结反省作为提高个人能力素质的重要途径，经常对工作进行总结反思，才能尽快适应自己的工作、提升自己的水平、创新工作的方法。

要客观地总结。实事求是，立足自身实践，客观公正地分析、总结自己工作中取得的成绩和经验，认真分析出当前面临的困难和问题，科学谋划今后的奋斗目标，确保方向正确、有所收获，任何夸大、缩小、歪曲事实的做法都会使总结失去价值。

要全面辩证地总结。既总结正面经验，以增强斗志和信心；又总结反面教训，获得清醒的认识。既总结历史经验，以少走弯路；又总结新的经验，不断适应变化发展的新常态。既总结自己的经验，增强工作的自觉性、主动性和预见性；又总结别人的经验，避免重蹈覆辙。

要在总结中提升。总结是为了取得更好的进步，要自觉把认识与实践相结合，把务虚与务实相结合，及时革除不合时宜的思想观念、工作作风、工作方法，提出解决问题的办法措施，做到知行合一、学用相长，在总结反思中提升个人能力和素质。

三十五、身体力行是最有效的示范，以上率下是最有力的引导

俗话说："治人者必先自治，责人者必先自责，成人者必先自成。"领导干部的一言一行、一举一动，无形中都在营造一种风气、提倡一种追求、引导一种方向，对干事创业氛围

的营造乃至党风政风的形成，具有示范带动作用。当好领导干部，既要发挥“领”的作用，当好方向盘；又要发挥“导”的作用，催生驱动力，不“领”就是缺位，不“导”就是失职。

行动是无声的命令。喊破嗓子不如做出样子。领导干部是群众的主心骨，要增强带头意识，多行不言之教，自觉做到干字当头、实字打底，多用“身影”指挥人，少用“声音”指挥人，始终以身作则、率先垂范，凡事只要领导带头、干部当先，苦干实干，往往可以激活广大党员干部干事创业的“活力因子”，在潜移默化中形成一种上下同心、合力攻坚的良好氛围。

示范是最好的领导。“其身正，不令而行；其身不正，虽令不从。”领导干部要把“身先士卒、带头示范”作为座右铭，自觉走在前列，作出表率，一级做给一级看，一级带着一级干，要求干部群众做到的自己必须先做到，要求干部群众不做的自己必须先不做，吃苦在前、享受在后，充分凝聚想干事、敢干事、会干事、快干事、干成事的正能量，用带头践行赢得干部群众的理解和认同。

三十六、处理事情，一定要合情合理

情就是人情，理就是原则、规矩。做事合情合理才能守住底线、让人信服。领导干部也是人，不是生活在真空里，肯定也要讲人情，不近人情的领导是毫无魅力和感召力的。然而，人情有好的一面，也有其庸俗乃至功利、丑恶的一面。领导干部工作涉及面广而杂，大到政策制定，小到矛盾调处，时时处处考验着对情与理关系的把握。倘若把情面看得比原则还重，经不住人情和金钱的拉拢与腐蚀，则容易丧失立场和原则，走上违法乱纪的道路；而如果没有“合情”与“合理”的两者兼顾，往往事情没有解决，又造成新的矛盾，徒做无用功。因此，如何处理好情和理之间的关系，是必须认真面对和妥善处理的问题。

要找准人情界限。不是不能讲人情，而是要把握好人情的界限，不能为了人情放弃甚至损坏原则、突破法纪界限。要自觉严密地设置人情防火墙，自己不去突破，也严防别人逾越，在人情与规则相冲突时，要毫不犹豫地坚持规则，不能用人情代替政策。

要做到情理兼顾。人情与原则并非时时、事事对立，要因事而论，充分考虑到社情、民意、人心，在合法合规的基础上，保留爱心、善心、同情心，努力做到情理兼顾，方能在事情“完成”的基础上，赢得广泛的认可和支持。决不能死板、僵化、不知变通、一点人情味也没有，冷冰冰的制度规定也需要温情人性的执行方式。

三十七、先站稳，再站高

站稳，就是要守规矩重品行，牢牢守住廉洁自律的底线，以及控制工作局面平稳有序运行；站高，就是要不断提高政治站位，拥有更高的工作要求，并且能够始终奋发有为，把工作推向更高的层次。站稳是站高的前提，站高是站稳的动力。很多时候，我们都对“站高”给予了太多的关注，却忽视了“站稳”。殊不知，行稳方能致远，只有先站稳自己的脚跟，有一席之地，才能慢慢壮大，站得更高、走得更远。领导干部在决策和推进工作过程中，必须先念好“稳”字经，方向要稳、步子要稳、方法要稳，才能脚踏实地厚植发展基础。不能刚学会“走”就想着“跑”，这样是很容易栽跟头的。

要慎独慎微，不能不拘小节。古人讲:“贪不在多，一二分钱，便如千百万。”要增强警觉感，勿以恶小而为之，始终严于律己、清正廉洁，树好家风、管好家人，时刻警惕糖衣炮弹的进攻，坚决抵御腐朽思想和生活方式的侵蚀，自觉主动净化社交圈、生活圈和朋友圈，做到自重自省自警自励，使自己在领导岗位上站得稳、立得住。

要打好基础，不要急功近利。注重短期政绩者，往往只重一时得失，表面上工作推进效率高，实则为日后工作埋下隐患。要有“功成不必在我”的胸襟，去浮就实、苦练真功，甘愿做“铺路石”，多做打基础、利长远的事，一任接着一任干，积跬步以至千里，为百姓谋得长远利益。

三十八、善“踱方步”

“踱方步”本意是指走方正端正的慢步，对领导干部来说，就是要能够静下心来冷静思考和谋划事关全局的战略问题。陈云同志在谈到领导方法时曾说：“要拿出一定的时间‘踱方步’，考虑战略性问题。”新时代有新任务、新矛盾，领导干部只有重视“踱方步”，善于根据国内外形势的发展变化，多思考来龙去脉，多掂量轻重缓急，才能及时提出新的、正确的方法思路来应对工作中出现的问题和挑战。因此，“踱方步”是一个人学、思、践、悟的综合体现，贯穿于对知识的吸收、运用、升华的全过程，是领导干部提升自身决策能力的必修课。

要在“踱方步”中谋划长远。面对当前复杂多变的国际局势和艰巨繁重的国内改革发展任务，要学会战略思维、辩证思维和创新思维，善于运用马克思主义的立场、观点、方法分析、研究和解决重大战略问题，在纷繁复杂的事物中辨明方向、理清思路，善于结合本地实际，因地制宜，冷静、深入、超前思考，做到运筹帷幄之中，决胜千里之外。

要在“踱方步”中反躬自省。领导干部水平的高低，除了与其知识含量有关外，也与自身的经验积累、素养高低有着密切的关系。要学会给自己留出空间，多拿“笔杆”、少端

“酒杯”，多坐书桌、少坐牌桌，经常反思工作中的得失和能力水平的不足，在“踱方步”中丰富、完善和提升自己。

三十九、有所为与有所不为

领导干部每天会面临很多工作上的决策、选择和取舍，有些可以干、必须干的事情一定要认真干，有些暂时不能干或时机不成熟的事情就不可蛮干、硬干。为与不为，要看是否符合事物发展的规律和趋势，是否符合党的大政方针政策和上级决策部署，是否符合人民群众的根本利益，是否符合法律法规和党纪党规。如果毫无原则，盲目冒进，逆势而为，甚至是胡作非为，最终损害的是党和人民的事业，毁掉的是自己的一生。因此，领导干部在有所为时必须全力以赴把事情干好干成，有所不为时当明晰边界不逾越，做到当为之时朝气蓬勃意气风发，不为之处心如止水知进知退。

要抓住机遇顺势而为。必须善于观大势、谋大事，有敏锐性，在趋势和机遇来临之际敢于担当、主动担当，要把岗位当作奉献平台，把推动一方发展、造福一方百姓作为奋斗目标，充分施展自己的才华，带头履职尽责、承担责任，不断锤炼干事创业能力水平，多干经得起群众和历史检验的实事好事。

要审时度势知退明止。事物的发展是遵循客观规律的，欲速则不达，干事创业有激情是必须的，但在客观条件不具备的情况下，万万不能急于求成。必须牢牢把握稳中求进、稳中有为的基调，时刻保持清醒头脑，正视困难挑战，在风险越来越大甚至有失控趋势之时，及时斩仓出局、清空止损，切忌心存侥幸、恋恋不舍，心浮气躁、一意孤行，最终导致更大的损害。

四十、统筹兼顾方能各得其所

统筹兼顾就是要协调好各方面关系、平衡好各方面利益，使得各项事业能够健康协调可持续发展。中国革命取得胜利后，毛泽东同志就强调要正确处理人民内部矛盾，提出统筹兼顾、各得其所，这是党在长期实践中形成的重要历史经验，是处理各方面矛盾和问题必须坚持的重大战略方针，为党凝聚人心、推进社会主义现代化建设发挥了至关重要的作用。如果不能兼顾各方、各得其所，就会引发社会矛盾，形成不稳定的因素。人心向背关乎政党兴衰成败，正确认识和处理社会公平问题则是凝聚党心民心的关键一环。领导干部必须运用好统筹兼顾这一科学方法，找到最大公约数，兼顾好各方利益，确保长治久安。

想问题要通盘考虑。必须具备全局观念和大局意识，立足于国情、立足于经济社会发展水平，从全局的高度，统筹好国际国内两个大局，统筹好中央和地方的关系，统筹好局部利益与全局利益、当前利益与长远利益，充分调动各方积极性，既要总揽全局，统筹规划，又要抓住牵动全局的主要工作、事关群众利益的突出问题，着力推进，重点突破。

办事情要兼顾各方。任何政策措施以及工作，必须正确反映并有利于妥善处理各方利益关系，认真兼顾不同层次、不同方面群众的利益，把正确处理社会公平问题放在特别突出的位置，确保各阶级各阶层人民各有其用、各尽其才、各得其所。要牢固树立并切实贯彻新发展理念，多做打基础利长远的事，不做不可持续的事，打牢长远发展的根基。

四十一、分工不分家，主动补台补位

同心山成玉，协力土变金。一个班子、一支队伍，各有分工固然应该各司其职，但是任何单位、团队都是一个整体，在尽职尽责的同时，更应该团结协作、主动补台，这不只是一种工作方法，更是一种品行操守、一种胸怀胸襟。互相补台，好戏连台；互相拆台，一起垮台。刘邦、张良、萧何、韩信互相补台才有了大汉天下；廉颇、蔺相如“将相和”才有了赵国的祥和稳定。如果都是各人自扫门前雪，不管他人瓦上霜，站在城楼看风景，结果“城门失火，殃及池鱼”，一荣俱荣，一损俱损。现代社会讲究协同作战，很多工作不是某个人或某个组织能够单独完成的，没有谁可以包打天下。领导工作更是如此，

要做到分工不分家，既提高个人单兵作战能力，又提高团队整体作战能力，超越个体局限，发挥整体功能。

要有同舟共济的共识。自觉树立集体意识和共赢意识，珍惜在一起工作的缘分，互相尊重、互相支持、互相沟通，做到信任不猜疑、理解不埋怨、尊重不争权、分工不分家、支持不掣肘，即使工作生活中有什么磕磕碰碰，也要以大局为重，一心为公。只有这样，工作才能取得“1+1>2”的显著效果。

要有精准补台的能力。互相补台不是胡乱补台，而是要补到关键处、补到别人的心坎里。要能敏锐发现缺失缺位的地方、需要补上的部分，找准补台补位的时机，充分发挥自己的专业能力，不显山不露水地补好台、站好位，让人真心信服、真挚感激、真诚合作，相互关心、相互帮助、相互负责、凝聚力量。

要有帮助共进的善意。补台之后指出问题总结经验，促进共同成长进步，也是补台的应有之义和重要意义，因而不能满足于一“补”了之、为补台而补台。要敢于直言、善于谏言，在救场补台之后，积极与同事交流想法，帮助找出问题症结所在，共同研究探讨，认真吸取教训，避免同样问题再次发生。当然，也不能为了补台、为了团结就放弃原则，互相掩盖错误、纵容过失。

四十二、刚柔并济、恩威并重

刚柔并济就是刚强的和柔和的互相补充、恰到好处，恩威并重就是安抚和强制同时施行。从事领导工作，恩不施无以立威，威不施无以治事，一味地宽厚仁慈，就难以形成战斗力；对人太过严苛，就会让人战战兢兢，没有亲和力，刚柔并济、恩威并重可以更好地驾驭工作局面。领导干部要做到这一点，就要建立并遵守运行规则，从制度上约束、思想上引导，既注重严格管理，又强化关心关怀，刚柔相济，通过领导者权威的力量、人格的力量，最大限度统一思想，使下属从内心真正认同并践行集体的目标、理念和方法。

严管与厚爱相结合。严管也是厚爱，是对组织负责，也是对同志负责。要明确“底线”“红线”“高压线”，把纪律和规矩挺在前面，切实抓好干部的日常教育、管理、监督。要充分运用监督执纪“四种形态”，抓早抓小、抓细抓常，咬耳扯袖、红脸出汗，避免干部的小毛病演化为大问题。同时，坚持以人为本，在思想上政治上工作上生活上关心关爱干部，给位子压担子，为他们提供干事创业和成长进步的平台与机会。

激励与约束并重。用好激励机制，在评先评优、表彰奖励、职务晋升、职称评聘等方面让奋进者脱颖而出，使庸碌者“无摊可守”；用好容错机制，树立和强化为创新者容、为担当者容、为实干者容的鲜明导向，对干部的错误进行综合分析，为敢闯敢试的人“开绿灯”，为埋头苦干的人“兜住底”，旗帜鲜明为那些敢于担当、踏实做事、不谋私利的干部撑腰鼓劲；用好监督问责武器，让干部感到有危机、有压力，有奔头、有动力，使守纪者畅行，为散漫者定边。

四十三、适时采用“冷处理”和“热处理”

冷处理和热处理本是一种工艺手段，是将金属工件加热后冷却，淬火成钢，得到更为稳定的材料。引入到领导方法中，就是对待不同的工作，采取冷、热不同程度的处理方法，往往能取得更好的效果。二者是辩证统一关系，落实改革方略、民生举措，都需要时刻把工作状态调到最好，这时候就需要对工作进行“热处理”；但同时又要防范急于求成、过犹不及，坚持按规律办事，把握好工作的节奏和力度，“冷处理”这时就能派上用场。如果不能够分析判断问题的性质特点，只用一种方法处事，必定达不到预期效果。领导干部在处理具体事务中，必须学会“冷热并重”，在适合的时机选择适合的办法解决问题，收获最佳效果。

要趁热打铁解决问题。必须具备抓机遇的敏锐意识，由表及里看透问题的表象、看清本质，正确分析判断问题的性质，如果是各方面时机成熟的事，就要大胆干主动干立即干，争取最大实效。如果是突发事件或者情况紧急的矛盾问题，就应该采取“热处理”，迅速协调，及时解决，化解矛盾，理顺情绪。

要沉着冷静等待时机。矛盾的普遍性原理决定了矛盾无处不在，对于一些棘手的、难以一下子解决的问题要适当“冷处理”，等待时机、条件成熟后，再着手圆满解决。善于管理自己的情绪，冷静客观，以理性驾驭自己的激情，在矛盾困难面前保持理智。

四十四、注意分寸，掌握火候

分寸火候，指说话或做事都要掌握好“度”，注意适可而止，防止过犹不及。从哲学层面来讲，“度”是矛盾的统一体，是事物质和量的统一，是适度和不突破事物的极限，是利与害的分界线。凡事有个“度”，就是做什么事情都要掌控程度，要恰到好处，其核心就是把握分寸、掌控火候。一项工作，做不到位便属于不完美，便会留下遗憾；而越了限、过了度，就会事与愿违、导致错误。正所谓过失过失，一过就失；过错过错，一过就错。具体到领导工作中，不作为、慢作为就是“不及”，乱作为、胡作为就是“过”。领导干部做事既不能越位、过头，也不能缺位、“漏球”，既要主动作为，也要适度作为，遵循平衡法则，避免走向极端。

要适度用权恰到好处。有清醒的角色意识，知道自己的位置在哪里，知道自己的权力、责任和义务的边界，知道自己该干什么、不该干什么，在位时，权为民所用利为民所谋；退位后，不贪权不恋权。不管是“主角”“配角”还是“龙套”都必须扮演好，在各自的职责范围内，主动担当、争相作为，各司其职、各尽其责，做到到位而不越位、尽责而不越权。

要常踩“刹车”避免“翻车”。不在乎分寸、不掌握火候的人，就会像失控的车辆一样，脱离轨道横冲直撞。领导者要时常检修思想“开关”，常踩行动的“刹车”，依照“限速”平稳行驶，确保始终走在正确的道路，切忌急于求成、盲目冲动、过犹不及，以致“车毁人亡”。

四十五、抓而不紧，等于没抓

任何工作只有抓得很紧，毫不放松，才能抓得住、抓出实效，否则就成不了事。把工作抓紧，最为关键的就是落实落实再落实。习近平总书记指出：“抓好落实，我们的事业就能充满生机；不抓落实，再好的蓝图也是空中楼阁。”正确的战略需要正确的战术来落实和执行，说了不等于做了，做了不等于做好了，如果不沉下心来抓落实，乐当“二传手”，发个文、开个会，就等于工作已经开展了、任务已经完成了，行动在嘴上、落实在纸上，轰轰烈烈地搞形式，看似抓了工作，其实是“假把式”“伪落实”。工作不抓不行，抓而不紧也不行。领导干部对主要工作不但要抓，更要抓紧抓实、抓出成效。

要有“抓必抓紧”的意识。情况弄清楚，决心下定之后，工作抓得紧不紧便成为关键。要全力以赴、雷厉风行，以“等不起”的紧迫感、“慢不得”的危机感、“坐不住”的责任感，不等不靠，敢抓敢管，敢于担当，把抓落实当作一种政治责任、一种精神追求、一种工作习惯，千方百计地采取有力措施来打开局面，决不能说说了事、瞻前顾后、犹豫不决。

要有“一抓到底”的韧劲。以锲而不舍、金石为开的干劲，善始善终、善作善成的韧劲，把各项工作一抓到底，全神贯注地盯紧工作进展情况，把控好全过程，决不能浮在面上、抓在嘴上，导致工作虎头蛇尾。要及时纠正工作过程中的偏差，旗帜鲜明地表扬批评，严格检查督促，在切实抓出成果之前决不松手。

要有“抓必见效”的决心。全身心投入工作，善于用创新思维、创新办法攻坚克难、开拓奋进，做到人在岗上、身在事上、心在责上，集全部心思于工作，倾一切才智于事业，科学施策、精准“滴灌”，对症下药、靶向治疗，确保做一件成一件，取得实实在在的成效。

四十六、今日事，今日毕

今天的事情就要今天干完，这是非常好的工作和生活习惯，于个人于社会都有大益处。领导干部更应如此，要时常有适度的压力感，抓紧干事创业的机遇，增强执行力和工作效率，不断推动事业发展。慢慢吞吞的干部难成事，拖拖拉拉的干部走不远。如果今日事明日做，那一定是“明日复明日，明日何其多”，工作就永远拎不清、无章法、效果差。有些干部责任心不强，工作没有规划目标，任务稍重一点就有畏难情绪，找理由拖延，觉得今天做不完的明天还可以接着做。殊不知今天的事情做不完，明天还有新的更多的事情在等着你，还是做不完，“躲过了初一，躲不过十五”，在拖延中自己并不快乐，反而会累积许多压力，严重影响工作效率，甚至导致自信心下降。领导干部必须志存高远，有时不待我的紧迫感，保持快节奏、追求高效率，认认真真、勤勤恳恳做好每一件事。

要心中有数“今日事”。每天上班后及时梳理、计划自己当天的工作，做到心中有数。对过去完成的任务一一清点，对账销号，确保任务不拖延、事情不遗漏。及时总结经验教训，纠正落实工作中的偏差，把今天该做的做好，把明天要做的计划好、准备好，努力做到心中有数、从容不迫、井然有序。

要手中有招“今日毕”。养成凡事雷厉风行、日清月结的习惯，不因其小而不为，不因其易而轻视，不因其苦而放弃，不因其难而退缩，加快节奏提高效率，善于利用时间，善于统筹方法，分清轻重缓急，增强执行力，立即办马上办，努力做到事不过夜、案无积卷。

四十七、学习力是最基本的能力

“非学无以广才，非志无以成学。”学习是把知识资源转化为知识资本的过程，只有加强学习，才能增强工作的科学性、预见性、主动性，才能避免陷入少知而迷、不知而盲、无知而乱的困境。好学才能上进，好学才能增强本领。所以说，学习力是一种最基本的能力，也是核心竞争力。干部是干出来的，也是学出来的。进入新时代，知识“裂变”速度一日千里，新情况新问题层出不穷，领导干部必须把学习当作一种神圣职责、一种精神境界，作为自觉的、经常性的、不可间断的任务。我们党是依靠学习走到今天的，也必然要依靠学习走向未来。

要树立终身学习的理念。把学习作为一种生存状态、生活方式和内在追求，内化为一种兴趣、爱好和自觉，真正使学习成为工作、生活的重要组成部分，努力学习新知识，不断掌握新本领。活到老，学到老，改造到老。

要做到学习工作化、工作学习化。坚持在学中干、在干中学，既学习书本知识，获得心灵的充实，进而了解历史、现在和未来；也向实践学习，注重学习人生经验和社会知识，从实践中获取真知；更要完善知识结构，构建起与时俱进的知识体系和价值体系，做到学以致用、用以促学、学用相长。

要把学习力转化为领导力。学习的价值在于运用。要通过学习增长知识、增加智慧、增强本领，在不断的学习中，向外找差距、向内补短板，进一步认清发展大势、把握发展规律、统领发展全局、创造发展业绩，在学习中提升自身领导能力和工作水平。

四十八、始终在研究状态下工作

研究状态是一种深度工作的状态，是一个学而思、思而践、践而悟螺旋式上升的过程。当今时代，仅仅靠“经验和汗水”是无法当好领导干部的，必须向“研究型”“专家型”转变。正如春秋时期政治家子产所言：“政如农工，日夜思之，思之始而成其终。”也就是说，唯有多些研究、少些臆断，多些思考、少些浮躁，才能科学有效地为政，并努力做到善政。领导干部要自觉强化在研究状态下工作的意识，以研究的心态置身于领导工作情境之中，以研究的目光审视自己的领导实践，运用科学的方法探求工作的本质和规律。

要树立问题导向。把强烈的问题意识同高度自觉的责任担当结合起来，在反复的调查研究和实践中，善于发现问题、敢于正视问题，瞄着问题去、追着问题走，把化解矛盾、破解难题作为履职尽责的第一要务，在破解工作难题中开拓进取，在适应新形势新环境中推动发展。

要善于总结思考。总结思考是前进的阶梯。总结思考的过程就是融会贯通、学以致用的过程。有所思才能有所得，思之越深，所得也会越多。要把思考作为一种工作理念、工作方法，在思考中吃透上级决策部署，在思考中把握工作特点和规律，在思考中借鉴别人的经验，在思考中提出解决问题的办法措施，使思想和行动紧贴客观实际，不断提升工作水平。

四十九、身在事之中，心在事之上

身在事之中，就是要投身事中，埋头苦干、认真做事，能够始终了解事态发展进展，知晓工作过程中的各种有关信息，掌握事物的本质、特点和规律；心在事之上，就是要跳出事情本身，高出两三个层次看问题，把握大局，掌握全局，增强工作的预见性、方向性、针对性。对领导干部来说，身在事中，可以“春江水暖我先知”，切身感知事物的发展变化，及时了解群众的冷暖和利益诉求，深刻洞察当前的矛盾问题，让工作更接地气、更符合实际；而心在事上，则可以“拨云见日”“一览众山小”，站在不同的角度、更高的高度全面谋划思考，减少工作的盲目性和局限性，让工作更接天线，时刻掌握工作的主动权。

要躬身实践、真抓实干。“纸上得来终觉浅，绝知此事要躬行。”要学会做具体工作，对一些特别重要的事情更要牢牢抓在手上，亲自参与分析研究，亲自掌控推动过程，亲自抓好督查落实，亲力亲为，真抓实干，争当改革的促进派、创业的实干家。

要高位思考、未雨绸缪。从事领导工作，从来都不能就事论事、见子打子。要善于跳出自身看自身，放开视野去比较，看到别人看不到的、想到别人想不到的，从而更加清楚地认清形势、把握趋势，明确方向、少走弯路，科学用力、提高效率，真正做到谋定而后动、知止而有得。

要虚实结合、辩证统一。既要真抓实干、求真务实，又要善于谋划、注重总结提升，两者相辅相成、相得益彰。不能借口真抓实干否定务虚的重要性，错误地认为务虚就是空谈道理、只说不干，更不能借口务虚不干实事、不求实效、坐而论道。

五十、当干部就得在状态

习近平总书记强调，“良好的精神状态，是做好一切工作的重要前提。”“在状态”是事业心和责任感的集中体现，始终在状态是干事之需、成事之要。领导干部作为“关键少数”，责任重大、使命光荣，在其位就要谋其政，履其职更要担其责，担当作为才是领导干部的为政之德，也应是最该保持的精神状态。但现实中，有的干部心浮气躁，不是扎扎实实地做事，而是热衷于摆花架子，做表面文章，搞形式主义；有的干得顺利时“在状态”，遇到挫折时就“心不在焉”。领导干部不在状态，其实就是在职不在岗，也是一种“不作为”、一种危害。领导干部理当把岗位当平台，把工作当追求，有所坚守、有所舍弃，执着向往、乐此不疲。

要认真负责、恪尽职守。立足岗位职责，把工作当追求，既要想干愿干积极干，又要能干会干善于干，把精力用到谋发展上，把心思用到求实效上，把劲头用在抓落实上，以一种时不我待的紧迫感，把各项工作任务紧紧抓牢、抓到位。

要提振精神、担当作为。以为党分忧、为国干事、为民谋利的“精气神”来担当作为，敢于坚持原则，面对大是大非敢于亮剑，面对矛盾敢于迎难而上，面对危机敢于挺身而出，面对失误敢于承担责任，面对歪风邪气敢于坚决斗争，真正做到对党负责、对人民负责，敢做敢为，善做善为。

五十一、见微知著

见微知著就是从细微的征兆中可以看出事物的本质和它的发展趋势。它体现的是一种敏锐的洞察力和细微的观察力，是做好领导工作必备的一项素质。是否具有见微知著的能力，直接影响到整个领导工作的成败得失。作为领导干部，无论是调查研究、分析问题还是制定决策，都要善于从事物细微的、不明显的迹象上及时发现和鉴别问题，找出普遍性、规律性问题，及时预测事物的发展，运筹帷幄、周密部署，更好地指导和开展工作。

要提高预见性，顺势而为。学会认识规律、找准规律、运用规律，善于从稍纵即逝的现象中把握机遇、从纷繁复杂的现象中发现带倾向性的问题、从微观现象中把握宏观发展态势、从已知现象中预测未来的发展趋势，抓住有利的方面，及时引导、促进其向预定的方向发展，乘势而上，顺势而为，借势而起。

要增强敏感性，防患于未然。既要有“一叶知秋”的敏锐，更要有未雨绸缪的智慧。面对可能发生的突发事件、危机事件，提前周密安排，把一切保障措施及防范措施都做在平时，处置突发情况才能稳住阵脚、沉着应对。同时，也要注重总结反思，不断提升自己发现和解决苗头性、倾向性问题的本领，及时排除隐患，切实实现和维护好群众的切身利益。

五十二、懂得必要的沟通技巧

沟通是人们分享信息、思想和情感的过程，是人的基本需求。有效的沟通，不仅能使人与人之间的交流更加顺畅，更能满足一个人归属和自我肯定的情感需求。沟通在工作和生活中就如同人的血脉，是领导者的重要工作技能，沟通能力是领导水平的重要表现。如何与上级沟通、与下级沟通、与人民群众沟通，都是需要修炼的，必须掌握一定的沟通方式与技巧，提高沟通效果。

要坦诚相见、平等待人。沟通的效果既与沟通内容有关，也与沟通双方的态度、情感有关。沟通心态是根，沟通知识和沟通技巧是叶。在沟通中，要注意把自己放在与别人同等的位置上，开诚布公，推心置腹，始终保持一种平等的心态。

要换位思考、求同存异。将心比心、设身处地去了解情况，主动站到对方立场上体验和思考问题，在坚持原则的基础上理性妥协，在众多分歧中寻求最大公约数，主动挖掘共同点、共赢点，求同存异，提出双方都能够接受的方案，形成共识、达到共赢。既不能无原则地、一味地迁就对方，也不能一味地苛求对方必须认同自己。

要善于倾听、准确表达。倾听是沟通的基础，只有认真聆听才能听到完整的意见，才能明白真实的意思，才能让沟通更顺畅。要主动听取讲话者所表达的内容，在理解意思的基础上，根据沟通对象的文化素养、性格特点、习惯爱好等，分情况采取不同的沟通方式和说话艺术，找准共同话题作为切入点，在思想与心灵上形成共鸣。

五十三、让制度“铁”起来

制度是指需要大家共同遵守的办事规程或行动准则，是保障工作按计划和程序执行落实、达到预期目标的重要手段。邓小平同志曾指出，制度问题带有根本性、全局性、稳定性和长期性。制度的制定与实施，是规范有序管理的必然要求。没有制度，就没有规矩，更谈不上规范。然而，现实中有的领导干部更注重立规矩、发文件，不断出台新制度，但对制度执行效果却不闻不问。不少制度“看上去很美”，一旦运行却没有想象中的务实管用。执行制度时，有规不依，搞变通，结果导致“雷声大雨点小”，“制度写在纸上、贴在墙上、念在嘴上”等现象屡见不鲜。有制度不执行，比没有制度危害还要大。领导干部要用制度管人，按制度办事，就必须让制度“铁”起来，切实发挥制度的激励和约束作用。

制度之要，贵在管用。要紧扣实际，突出制度的可操作性，在具体实践中反复论证、仔细酝酿，不断填补漏洞，充分考虑实施主体和实施时可能出现的复杂情况，对必要的程序和细节加以规范，形成步骤清晰、主体明确、措施详实、高效管用的制度体系，确保制度立得起、管得住、落得实。

制度之威，重在执行。制度的生命力在于执行。制度面前人人平等，执行制度没有例外，不能留“暗门”、开“天窗”。要带头尊崇制度、遵守制度、捍卫制度，加强监督检查，用监督传递压力，用压力推动落实，严肃查处违规违纪、破坏法规制度踩“红线”、越“底线”的行为，不以权势大而破规，不以问题小而姑息，不以违者众而放任，切实让铁规发力、让禁令生威。

五十四、开会也是门学问

会议是为了解决某个共同的问题或出于不同的目的而集聚在一起进行讨论、交流、形成决定的活动，是管理的一种手段，也是领导工作很重要的一部分。开会是传达精神、交换信息、沟通情况、协调立场、研讨事项、形成共识、部署任务等必要的工作程序，是我们党的组织制度和领导制度的实现方式之一，同时也是实现科学决策、民主决策的内在要求，所以必须把每一次会开好、开成功。既要注意精简会议、防止“文山会海”，又要确保必要的会议能及时召开且开出效果。

会前要充分准备。会前的充分准备是会议高效进行的前提。真正的功夫在会外。一些会上作出的重大决策，还需要开展必要的调查研究，进行可行性论证，为科学决策提供理论和现实支撑。一些会上讨论的重要议题，要在会前征求意见、做好沟通，统一思想、形成共识，成熟了再上会。如果要发言，还应做好充足的准备，珍惜自己的每一次发言机会。

会中要把控节奏。会议节奏的把控在很大程度上关系着会议能否顺利，节奏太紧可能导致讨论不充分，节奏太松可能导致偏离中心、东拉西扯。要紧紧围绕会议主题，科学确定发言时间，尽量开短会、说短话，把精神传达到、内容说清楚、要求讲明白、程序安排妥即可。要鼓励讨论、充分发扬民主，但也不能只民主不集中、议而不决。

会后要狠抓落实。会上定下来的事情要一件一件地抓好落实，及时将纸上的文字变成真真切切的行动和实实在在的成效，让会议精神落地生根、开花结果。要切实精简会议，能开小会的不开大会，能开短会的不开长会，能合并的坚决合并，可开可不开的会坚决不开，腾出更多的时间精力来抓落实。

五十五、管理时间的实质是管理自己

时间是构成一个人生命的材料，无处不在却又无影无踪，无法蓄积，无法取代，更无法失而复得。时间的节约是最大的节约。时间对每个人来说都是公平的，人的一生就是用时间来换取才华与成功的过程，如果时间过了，才华没有增加，工作没有推进，那就是虚度光阴、浪费生命了。因此说，管理时间就是管理自己，时间管理得当，才能不断提升自己、丰富自己。爱因斯坦曾说："人与人的差异在于业余时间。"领导干部如果缺乏时间管理意识，肆意挥霍时光、浪费干事创业的大好机会，就必然会贻误自身、贻误工作、贻误事业，最终碌碌无为、虚度一生，而珍惜、管理和利用好有限的时间实质上就管理好了自己，延长了生命。

要科学管理时间。增强时间管理意识，按照轻重缓急的顺序，合理分配学习、工作、会议和休息时间，通过排出“时间表”和“任务图”，有效把控工作节奏，提高时间的利用率，努力做到“不叫一日空过”。工作中要理清思路，抓住重点和要点，从关键环节入手，集中时间和精力解决主要矛盾、核心问题，最大限度减少工作环节的无效重复，避免时间浪费。

要利用好碎片化时间。鲁迅先生说过，时间就像海绵里的水，只要挤，总还是有的。领导干部要善于利用零碎的时间，发扬钻挤精神，合理利用会议间隙、坐车、睡前等这些零碎时间进行学习思考，长期坚持下去，就可以收到涓涓细流汇流成海的功效。

五十六、小题也可大做

小题大做本意是指把小事当作大事来处理，有故意夸张、不值得、不应当的意思。但有些小事看似小而实际大，甚至关系全局、涉及根本，把其当作“大事”来处理，往往能够以小见大，带来更好的效果和影响。比如，我们党抓全面从严治党就是从抓“八项规定”开始的，而落实中央八项规定精神就是从管月饼、管贺卡等这些小事开始的，但所取得的成效却是显著的，明显实现了党风、政风的好转。领导干部要善于以抓小事为突破口，以点带面，解决那些全局性、根本性的问题。

要找准“小题”。在集中精力想大事、抓大事的同时，要适时腾出手来抓一些看似不起眼、局部的、个别的、刚露头的小事，从中发现并抓住那些触及根本的、关系大局的现象和问题，将矛盾处置在萌芽状态。特别是要把关系人民群众切身利益的小事办好、办实，办到老百姓的心坎里。

要善于“大做”。既然发现了“小题”，就不能坐视不管，或随大流或见怪不怪、习以为常，而是要拿出大力气，敢抓敢管、敢批敢斥。要善于追本溯源，找准时机，借“题”大做。

要杜绝“小题乱作”。“小题大做”应该有更高、更远的目标，对那些事关政治立场、群众利益、作风建设等方面的事要理直气壮、大张旗鼓地“小题大做”，从而获得“大治”之功，而不是盲目借题发挥、滥用职权。

五十七、事前多请示、事中多沟通、事后多汇报

请示报告制度是党的重要纪律与规矩，看似比较具体，但决不是一桩小事，体现着领导干部的党性原则、党性修养，影响着党的领导和党的工作。习近平总书记深刻指出：“我们这么大的党、这么多党组织和党员，如果都各行其是、自作主张，想干什么就干什么，想不干什么就不干什么，那是要散掉的。”领导干部必须养成向组织请示、沟通、汇报的习惯，时刻将自己置于组织视野之内，多请示、多沟通、多汇报，及时请示哪

些事该做、哪些事不该做，做到心中有数不逾矩；推进过程中，事情做到什么程度、有哪些问题，也要随时沟通，确保信息始终对称、方向不偏；事情完成后，结果、成效怎么样也要及时汇报，这样才是一个完整的领导工作方法。

要增强规矩意识。没有规矩，不成方圆。要把请示、沟通、汇报当作讲政治的铁规铁纪，严格落实党内请示报告制度，定期如实向组织请示和报告情况，杜绝“先斩后奏、边斩边奏、斩而不奏”的随心所欲、自由散漫，防止自己凌驾于组织之上或游离于组织之外，避免工作中的疏漏、作风上的疏失。

要增强沟通意识。在实际工作中，要有事中反馈的意识，时刻保持与组织的沟通交流，阶段性的进展也要及时报告，一方面要让组织放心，另一方面及时反馈情况能为组织及时调整策略方向提供依据，不能等任务全部完成了再反馈。

要增强复命意识。提高“画句号”的能力。事毕不回复，就像任务完成了99%，只有这1%没落实，虽然就差这么一丁点，事情却没有做到位。要做到凡事有交代、件件有着落、事事有回音。

五十八、保持适度的紧张感好处多多

紧张是对外界事物反应的加强，精神处于高度准备状态、思想上感到不安的行为体现。与紧张相伴的，往往是压力。俗话说，“井无压力不出油，人无压力轻飘飘”。压力太大显然不是好事，但有一定的压力却不是坏事，有的时候，不逼自己一把永远不知道自己潜力有多大。生命是需要永远激活的。适度的紧张感能让我们不忘初心，远离职业倦怠，迸发工作热情，始终让思维和行动保持在平均水准以上，甚至可以激发出超出想象的能力。领导干部在日常工作中也应保持适度的紧张感。

要保持压力，激发潜力。压力是最好的动力，没有压力就没有动力。领导工作任务重、节奏快，领导干部要人在岗上、岗在心上，保持紧张的状态，时刻警醒、积极适应、快速跟进，在落细落小落实上下功夫，以“一日不为、三日不安”的责任感和“时不我待，只争朝夕”的紧迫感，一心一意谋工作、干事业，推动工作创新发展。

要劳逸结合，张弛有度。要学会在繁忙的工作中放松自我、“忙里偷闲”，合理有效安排工作和生活，该休息的时候休息，该勤奋的时候勤奋，正确面对工作、生活、人际关系等多方面的压力，避免不必要的劳苦，避免造成心理失衡和精神压抑，保存工作劲头，让自己随时可以达到最佳的学习工作状态。

五十九、放下“架子”，做好“样子”

“样子”和“架子”虽一字之差，内在的含义则有天壤之别。当官就要有当官的“样子”，不是说要端官架子，更不是搞特权、要威风，而是说应当具有良好形象，有好的“样子”。这个“样子”不是外表，而是指德才和实绩。为官从政必须时刻牢记自己的身份，始终以更高标准要求自己，做一名靠得住、有本事、能担当，真正让组织放心、人民群众信赖的好干部。

要摈弃官老爷的“架子”。不能认为当了领导就是“当官做老爷”，官气十足，打官腔、耍滑头。要始终敬畏组织、敬畏权力，自觉走在前、作表率，苦干实干、主动作为，创造出一番经得起人民、历史和实践检验的成绩，成为时代楷模、民族脊梁。

要树好人民公仆的“样子”。领导干部来自于群众、生长于人民，是人民群众中的天然一员，“穿百姓之衣，吃百姓之饭，莫以百姓可欺，自己也是百姓”。要自觉融入群众，长在群众中，与群众坐在一条凳子上，同呼吸、共命运、心连心。要经常深入基层，深入群众，解民所难，化民所怨，把人民群众的利益放在第一位，站起来当伞，为人民遮风挡雨；俯下身为牛，为群众鞠躬尽瘁。

六十、善于从困难中找亮点

人生不如意事十之八九。困难和挫折无处不在、如影随形，如果遇到一点困难就不知所措，失去信心和希望，那就真有可能被困难打倒，人生也将因此变得灰暗无彩。事实上，困难之中孕育着希望，矛盾之中存在着亮点，危机中有机遇。要善于发现和揭示隐藏在矛盾和困难背后的东西，给人以解答和启示，给人以信心和力量。领导干部不能在困难面前倒下，遇到难事要动手去干，在困难中找到希望、找到潜力，要有战胜困难的信心和勇气，相信困难的前面就是胜利，以滴水穿石之志攻克难关。

要不畏其难、不厌其烦。以巨大的政治勇气和强烈的责任担当来克服前进道路上的重重困难，完成好组织和人民交给的各项任务。既要干好手头的工作，又要加强上下左右的协调，还要处理好干部群众反映的大事小事，有时“多点冒烟，处处起火”“千头万绪理还乱”，唯有静下心、沉住气，锤炼耐心和韧性，全面提升心理承受力、综合协调力、局面把控力，才能不为琐事所烦、不为情绪所扰，才能经得住磨炼、耐得住寂寞。

要找准突破口。在困难中，以问题为导向，遵循规律、讲究方法，找准困难问题的切入点、结合点、着力点，不断发现问题、研究问题、解决问题。要善于运用底线思维，估算可能出现的最坏情况，并且以最坏情况倒推解决问题的办法，从困难中找到破局的亮点，最终战胜困难。

六十一、重视关键细节

细节是神经末梢，是细小的事物、环节或情节，常常容易被人忽视。但有时候，一些细小的事物和环节却能够起到决定成败、影响走势的作用，这些就是关键的细节，必须引起高度重视。“天下大事必作于细”，因为少钉一枚铁钉，可能会掉了一只马掌，失去一匹战马，输掉一场战役，毁灭一个王朝。关键细节犹如转动链条上的扣环，犹如螺丝钉上的螺帽，看似无关紧要，但错位或缺失就会前功尽弃。正所谓，“一招不慎，满盘皆输”。细节中有魔鬼，成败在于细节。重视关键细节，领导干部不但要有统筹全局的本领，也要有落细落小落实的作风和能力。

要用全局眼光，抓住关键细节。注意关键细节不等同于纠缠细枝末节，不等同于“捡芝麻、丢西瓜”，而是要用清晰的大局观去寻找细节中的关键、细节中的细节，用简单的思维去分析烦琐的问题，用简捷的方法去解决复杂难题，抓到决定成败的关键主体、关键环节、关键节点，以关键细节带动全局稳定，切实做到打鼓打到重心处、工作抓到要害上。

要严谨细致，处理关键细节。认真负责，一丝不苟，始终以如履薄冰、如临深渊的态度对待每一项工作，尽心竭力，践行“工匠精神”，把一个个细小、普通的事做好，工作不当“马大哈”，不搞想当然、大概、也许、过得去，力求做到完美，用细致而扎实的工作来实现目标计划。

六十二、注重提高自己的悟性

悟性就是对事物的感知力、思考力、洞察力，就是能够快速地掌握知识，并能够将这些知识融会贯通运用到一些类似的情况上。老话讲:“聪明人一拨三转，糊涂人棒打不回。”这里所说的“聪明人”就是指有悟性的人。当干部光靠勤奋还不够，还要有悟性。悟性犹如一个“加速器”，能缩短干部成长的周期，提高工作的前瞻性、统筹性、实效性，必须用好悟性这把“金钥匙”，否则就会被岗位和时代所淘汰。

要有见微知著的感知力。领导干部要增强工作敏锐性，一滴水里观沧海，一粒沙中看世界，善于发现和抓住“滴水见太阳”的东西，对新知识、新事物、新情况抱有浓厚兴趣，以小见大，善于见微知著、取长补短、汲取精华，成为岗位的行家里手，从源头打牢悟的基础。

要有举一反三的发散力。大疑大悟，小疑小悟，不疑不悟。不唯上不唯书只唯实，对权威不固执不迷信不盲从，要会举一反三、触类旁通，观一叶落知天下秋，窥一斑而知全豹。要做有心人，世事洞明皆学问，时刻关注周围，善于抓工作的“空白点”，抓领导未强调、未要求而又必不可少、不可忽视的工作，关注到别人不能发现和难以发现的端倪，关注常常被人视而不见和见惯不惊的事情。

要有由表及里的洞察力。悟性是种感性认识，有时候并不总是可靠，必须让思想在冷静中飞跃、升华，要学会透过现象看本质，经常总结反思，养成多动脑子、多思考的习惯，在繁杂的工作中发现规律，调整悟的方向，找准悟的方法，在纷乱中理清思绪，于迷茫中晓明真理。

六十三、慎独则心安

慎独就是人们在独自活动无人监督的情况下，凭着高度自觉、自律行事，而不做任何有违道德和法律之事。一个干部的素质体现在自律和自觉上。正所谓“不做亏心事不怕鬼敲门”，一个人如果做到了慎独，那么就一定是忠诚、磊落、正直的，人前人后一个样，坦坦荡荡，心安理得。现代社会，诱惑无处不在，一些人之所以一步一步走上不归路，沦为“阶下囚”，都是从思想上出现“缝隙”，放松了对自己的要求，台上大谈清正廉洁、鞠躬尽瘁，背后结党营私、勾肩搭背，变成“两面人”。领导干部要修炼自己，做到慎独慎微、自我约束，做到人前人后不变样、台上台下一个样。

要常思己过反省反思。“吾日三省吾身。”要常反思、常修炼，自我净化、自我完善、自我革新、自我提高，守住理想信念防线和思想道德防线，培养健康向上的生活情趣，保持高尚的精神追求，做到不自欺，稳得住神、管得住身、抗得住诱惑、经得住考验。

要人前人后一个样。领导干部在工作与生活中必须洁身自爱，做到在“八小时以外”“独处一室”时，在私底下、无人时、细微处，说什么就做什么，怎么要求就怎么来做，始终不放纵、不越轨、不逾矩，不欺暗室，不做“两面人”“稻草人”，真正“诚于中”“形于外”，保持清醒，心存敬畏，公权绝不私用。

六十四、心态阳光世界都会充满阳光

阳光心态代表着健康积极的生活态度，代表着热情向上的精神风貌。心态阳光的人身心健康，豁达而不急躁，谦和而不张扬，自信而不自负，人际关系处理恰当，能够适应环境并力所能及地改变环境。心正了，一切就都正了。如果老是以阴暗潮湿的心理来看世界，那么你的世界每天都是阴天雨夜，见不到阳光，反过来心态更加阴郁，互相负面影响，形成恶性循环。物随心转，境由心造。阳光的心态可以传染，直接或间接地影响到工作、学习、生活的方方面面，心态阳光了，世界也就阳光了。领导干部要内心充满阳光，做个自信乐观、富有勇气和智慧的人。

要始终保持向前的动力。对未来充满信心，不忘初心，向着目标前行，最终到达理想的彼岸。遇到困难和挫折，不屈不挠地拼搏奋斗，走出困境，不畏艰难、奋勇争先。犯了错误，要能够吸取教训、及时改正，错而能改、正视自我。从哪儿跌倒就从哪儿爬起。为了梦想不断努力，朝着目标一步步接近，始终勇敢生活、着眼未来，激励自我永远向前。

要始终保持向上的状态。生命只有走出来的精彩，没有等出来的辉煌，怨天尤人是懦弱的表现，积极进取才是人生的正确态度。要始终保持积极昂扬的态度，处优而不养尊，受挫而不短志，迎难而上、勇于磨炼，经风雨、见世面、长才干，成就一番大事业。

要始终保持向善的心态。帮助他人是自己需要，不要放过任何关心关爱他人的机会，要保持助人为乐、关爱弱者的善意，心底纯正、崇尚诚信的善心，正义凛然、侠肝义胆的善举，在帮助他人中练就向善心态。

六十五、宁愿少言寡语，也不要废话连篇

讲话是领导工作的一项重要内容和基本功，是提高领导力的重要方式，也是个人才能和领导魅力的体现。领导干部不光要会干事创业，还得会讲话，这也是一门“技术活”。讲话不是聊天吹牛，而是要通过饱含理性、充满激情、合乎逻辑、富有感染力和鼓动性的讲话，实现宣传群众、组织群众、安排工作、部署任务的目标。然而一些领导干部干活干得不怎么样，却喜欢讲官话、空话、套话、废话，不着边际，泛泛而谈，既

不提出问题，也不分析矛盾，既没有自己的鲜明主张，也没有解决问题的实在措施，让人听了厌烦，这样的废话还不如不说。讲话要讲在点上，切忌言过其实废话连篇。

要重视自己的每一次讲话。每一次讲话都是检验领导水平的小测试，每次发言都要做好充分准备，以高度的责任心，把调研做扎实了，把情况摸清楚了，把问题想明白了，讲短话、大白话、管用的话、自己消化了的话，讲能解决问题、有利于发展的话。还要注意身份、场合、时机、形势、环境、背景是否合适，头脑要“设防”，嘴上要“把门”，自己没有准备好、没搞懂的话，宁可不讲。

要言之有物、言之有理。讲话不是拿来练口才的，大家的时间都很宝贵，一定要有针对性，直指核心，解决问题，能给人鼓舞鼓动，带来思想启迪。用自己的独到见解和通俗易懂的语言，一针见血、直接明了，方便别人听得明白、记得清楚。要讲究语言的艺术，使人如沐春风、乐于接受，答疑解惑能动之以情、晓之以理，部署工作能简洁明了、有条有理，汇报工作能言尽意止、有理有据。

六十六、嫉妒之心不可有

“士有妒友，则贤友不来；君有妒臣，则贤人不至。”领导干部一旦有了嫉妒之心，就会变得小肚鸡肠、缺乏包容性，看不得别人好，往往把有能力的下属或同事视为一种威胁，排挤打压陷害，极不利于队伍的团结和工作的开展。妒忌之心不仅害人，而且害己。历史上，这样的例子不胜枚举。战国时，庞涓嫉妒同窗好友，不惜制造阴谋，使孙膑遭受酷刑。最终，这位妒才者被孙膑所败，选择自刎。领导干部要敞开心胸，加强道德修养，克服嫉妒心理。

要能够欣赏别人的长处。每个人都有自己的长处和短处，若只见人短，不见人长，无异于一叶障目不见森林，这种做法于人无利，更会让自己失去进步的机会。领导干部要用欣赏的眼光看人，善于发现和欣赏别人的长处，真心实意地为别人取得的成绩肯定鼓掌，取长补短，主动学之、用之、取之。

要为别人的进步感到高兴。江山代有才人出。领导干部应站在党和人民事业后继有人的高度，胸中有全局，常怀成人之美之心，躬行甘为人梯之事，“见得人好、为了人好、能助人好”。胸襟宽阔、有真才实学的领导，不但不会因别人走在了自己前面而懊恼，反而会因此而欣慰。

要见贤思齐。以贤能之人为标尺，找准差距，弥补不足，发挥优势，迎头赶上。培养海纳百川的胸怀，不断完善自我人格，提升道德境界，夯实业务素养，严格自律、接受他律，切实担当好党和人民赋予的重任。

六十七、避免偏见

偏见，是脱离了客观事实而对人和事物的消极认识，是对他人或者事物的一种不公平、不合理的消极否定。偏见的产生，一种是由于对事物、对工作认识不够全面深入，人云亦云；还有的是习惯用思维定势去框去套鲜活生动、不断发展变化的客观事物。偏见往往会影响领导干部正确的认识、决策和行动，会有意识地找各种存在的和不存在的理由去否定别人提出的观点，或者将别人观点中的缺陷和不足加以放大而达到排斥别人观点的目的。“鉴别力衰弱时，偏见就会占上风。”领导干部要不断提升全面把控的能力，克服偏见，客观公正地看待问题、决策部署、推进落实。

要全面历史辩证地看。自觉地坚持和运用辩证唯物主义世界观和方法论，客观地而不是主观地、发展地而不是静止地、全面地而不是片面地、系统地而不是零散地、普遍联系地而不是孤立地观察事物、分析问题、解决问题，在矛盾双方对立统一过程中把握事物发展规律，克服极端化、片面化。

要在实践中优化认识。养成调查研究的习惯，坚持在调查研究和实践中积累经验、增长知识。要反复地将认识放在实践中检验，不断地总结经验与教训，从而将感性认识转化为理性认识，摆脱用理论证明理论、用想法证明想法的桎梏。

要正确对待“第一印象”。不被肤浅的表面印象所迷惑，尤其要避免以貌取人、先入为主。打破固有思维识人待人，不能按照个人喜好对下属和他人进行分类、贴标签，不能只是根据心中既有的“条条框框”识人待人、选人用人，而要做到听其言观其行，做到精准、客观、公正地评价一个人。

六十八、力戒浮躁

“心浮则气必躁，气躁则神难凝。”浮躁看似事小，实则影响深远。领导干部一旦得了“浮躁病”，就会使喧嚣代替了宁静、浮华代替了朴实、随波逐流代替了独立思考，进而发展为贪图虚名、急功近利。当前，有的领导干部对工作耐心不够，总想走捷径，希望立竿见影、毕其功于一役；有的热衷于造势作秀，不怕群众不满意，就怕领导不注意；有的两年不挪动就要去活动，三年不提拔就得要说法。这些“浮躁病”，败坏了党风政风，损害了党群关系，贻害无穷。在新时代的新征程中，更需要领导干部去除浮躁之心，静下心来工作、沉下心来做事。

要理智地看待得失。得有何欢？一切“得”都是以“失”为机会成本的；失有何苦？塞翁失马焉知非福。领导干部要看淡得失，在能力上要有危机感，在名利上要有满足感，不以物喜、不以己悲。要正确对待进退留转，不能设计升迁路线，不要看到身边“不如自己”的人都提拔了，就感到怀才不遇、仕途不顺，开始得过且过、混日子、等退休。

要清醒地正视长短。人贵有自知之明，要有清醒的自我认知，了解自己有什么长处、有什么缺点，想做什么、能做什么，这样才不会好高骛远、这山望着那山高。要在与人比较中找到自身差距，在鲜花和掌声中看到自己的不足，不能听了几句表扬话就妄自尊大、自以为是；也不能听了几句批评的话就妄自菲薄、丢了自信。

要从容应对变化。静而后能安，安而后能虑，虑而后能得。不管世事如何变化，都要坚守做人的操守和从政的道德，坚持以静制动、以不变应万变，始终保持从容淡定、心境平和，真正做到“内安于心，外安于目”，少一点计较、多一点大度，少一点浮躁、多一点务实，耐得住寂寞、守得住清贫。

六十九、拖延是扼杀成功的毒药

拖延是自我管理失败，总把计划的事情往后推迟，久而久之，一事无成，与成功渐行渐远。拖延扼杀成功，拖延也扼杀成长，拖拖拉拉慢慢吞吞的干部，有不想为的，有不能为的，最终都是走不远的。不想为的人把“拖延”当成官场“真经”，当成一种解决问题的办法、一种工作习惯，毫无紧迫感，事事处处拖拉散漫。不能为的人以“拖”为主，事事摆一摆放一放，最后不了了之，最终小事拖大、大事拖炸，拖垮了事业，拖坏了作风，把自己也拖进了火海。面对一些群体性、突发性事件，面对群众最迫切、最直接、最现实的利益问题，面对前有“标兵”后有“追兵”的发展局面，只能越拖越急、越拖越落后。

要分清轻重缓急。事有先后，用有缓急。工作纷繁复杂，首先要分清主次、分出轻重缓急，把最重要最紧迫的放在第一位，集中精力，攻坚克难。遇到急事要赶但不要急，既要高度重视、积极投入，也要冷静思考、从容应对；遇到缓事要有计划、抓重点，抽空及时做、不拖延。

要立即做马上办。树立强烈的时间观念和效益观念，增强“时不待我、只争朝夕”的紧迫感，立说立行。能办的事，能快则快，绝不拖延；定下来的事，快节奏、高效率完成；面对机遇，反应要快、落实要跟上，做到凡事先人一步、快人一拍。今日事、今日毕，努力做到日清月结，不守成、不观望。

要根除“拖延症”。拖延是工作不在状态的表现，有百害无一利。拖延久了就会成为一种习惯，就会患上“拖延症”，今天拖明天、明天待后天，最终一事无成。要坚决与拖延斗争，凡事要长计划、短安排，分层次、有节奏地推进。遇到困难时，不要总想着给自己留后路，多为落实想办法，不为拖延找借口。

七十、张狂的结果是自己受伤

张狂就是嚣张、轻狂，是轻佻、不稳重、缺乏敬畏感的表现。有的领导干部做出了一点成绩或是得到提拔重用后容易得意忘形，在不经意的一举手一投足间，就会有意无意挥洒出自己的傲气，流露出几分张狂，目中无人、自我膨胀，导致待人接物傲慢无礼、工作决策唯我独尊，久而久之，周围的人都敬而远之，最后在失意落寞中变成孤家寡人。说到底，张狂对于领导干部来说还是一种权力的任性。有一句话说得好，上帝要让你灭亡，必先使你疯狂。无论做什么事情，都有一个循序渐进、厚积薄发的过程，很多时候的成绩都是暂时的，想要每一次都做出惊人的业绩也是不现实的，领导干部在工作中更要学会谦虚低调，不浮躁、不张狂。

要谦虚谨慎。必须不断加强自身修养，修炼谦虚低调的性格，不摆高姿态、不以势压人，身居要职不显摆，有真本事不狂傲，取得成绩不炫耀，做出贡献不张扬，不忘乎所以、不盛气凌人。工作中不耻下问，拜群众为师，向专业的人请教，切忌不懂装懂。

要静悄悄做大事。做一名潜心静气、专心致志、埋头苦干、积极作为的实干家，养成静悄悄做大事的习惯，多干打基础利长远之事，咬定青山，一锤接着一锤敲，一茬接着一茬干，在久久为功中干出实在业绩，在街谈巷议中留下实干清名。

七十一、管住自己的爱好

每个人都会有自己的爱好，在工作之余可以放松心情。好的爱好，能够让人生更加充实。但是如果对爱好不加控制，就会变质变味。“好船者溺，好骑者坠，君子各以所好为祸。”兴趣爱好里有作风，管住爱好见定力。对于领导干部来说，个人喜好则往往成为被围猎的一个“主攻方向”、被攻陷的一个“关键命门”，成为别有用心者谋取利益的“敲门砖”。如果一味沉溺于爱好，最终玩物丧志，只能失去理智、丢掉操守，得不偿失。正所谓，不怕领导讲原则，就怕领导没爱好。即便是正常喜好，如果缺乏节制，也可能演化为自身的“软肋”“死穴”。因此，领导干部一定要保持头脑清醒，勿让爱好奴役了自己。

要“藏”好爱好。把个人爱好当做隐私，保持淡然心态、低调对待，守住纪律的底线，给爱好上一把“廉洁自律”之锁。不管什么爱好，一律不高调展示，更不到处宣扬，从根本上杜绝用心不良者的“围猎陷阱”。

要好之有度。对待爱好，要有限度，时时警惕，谨“爱”慎“好”，不要让爱好占据工作生活的全部空间。要把握好尺度，不是自己的东西不能要，不是自己的东西千万不能拿；对于有损个人形象或影响秉公用权的个人爱好，要坚决摈弃。

要培养健康爱好。健康的爱好，让我们摆脱羁绊、积极乐观。领导干部要对个人爱好有一份清醒与自觉，注重培养健康向上的兴趣爱好，积极参与有益身心的娱乐活动，自觉抵制腐朽的思想观念、生活方式，不被别有用心的人钻空子。

七十二、场面上的话千万不可当真

场面上的话，多指客套话、奉承话、巴结话。它们会出现在不同的场合、时机，看人下菜、溜须拍马，有真有假、有虚有实，有的甚至是“语言贿赂”“精神贿赂”。场面上的这些话，毫无成本，如果是一些无原则底线的人，张嘴就来，随口就说，根本当不得真。一个领导干部如果陶醉于听场面上的话，很容易丧失警觉、上当受骗。领导干部在场面上要应对得体，照顾到每一个人，同时，要警惕阿谀奉承的人，与场面上的话绝缘。

要有明辨真伪的能力。有清醒的自我认知和自我定位，不能别人夸奖几句就真的认为自己最有水平、最有本事、一举一动都是英明的。世上没有那么多圣人，我们都是普通人，要对自己有个正确的认识，千万不要被场面话蒙蔽内心、迷失自我。要增强思想定力，自觉做到自重自省自警自励。

要有听真话的智慧。良药苦口利于病，忠言逆耳利于行。对于那些奉承、吹捧和赞美的话，时刻保持警惕。要敢听真话、善听真话、听得进真话，宽容那些给自己提出意见和批评的人，这样才可能听到更多的真话。要运用好批评和自我批评的强大武器，开门纳谏、从善如流。

要有听听而已的从容。场面上的话大都是恭维的话、阿谀的话、奉承的话，就像香水，闻闻可以，吃下去有毒。领导干部最好的态度就是听听而已，转过身后，赶快忘掉。让那些阿谀奉承、弄虚作假、不干实事、会跑会要的“恭维者”和“马屁精”失去土壤，营造良好的政治生态和政治文化。

七十三、决不可自以为是

自以为是就是认为自己的观点和做法都是正确的，目中无人，狂妄自大。自以为是的人，多半是半瓶水，但是却以为自己水平很高，听不进善意的意见，最终都会栽跟头。杨修不自知，终遭杀身之祸；马谡刚愎自用，结果痛失街亭；项羽不听劝诫，以致自刎乌江。如果总是自以为是，就会被蒙蔽住双眼，往往是失败的前兆。领导干部是“领头雁”“主心骨”，有想法、有主见是应有之义，但不能自信过头变成自负，以为官升水平涨，忘记了组织的培养、群众的支持。

要看清自己。“知人者智，自知者明。”世上最难的事就是认识自己。尺有所短、寸有所长，任何人都不是万能的。领导干部要学会以人为镜，善于跳出自身看自身，客观地审视自己、认识自己，知道自己有几斤几两、能吃几碗干饭、能干多大事情，千万不能妄自尊大、目空一切、唯我独尊。

要看轻自己。不能不把自己当回事，又不能太把自己当回事，更不能错把平台当本事，真以为自己有多厉害，其实，离开了组织、离开了岗位就什么都不是，很快就会被人遗忘。任何干部在组织面前都是渺小的。要杜绝自以为是、目中无人，真正做到实事求是、心中有民。把自己看轻，就会把群众看重，这样不仅对事业有益，对自身成长也好。

七十四、切忌钻入“小圈子”

圈子古已有之，是对利益相关、趣味相投、来往密切的同类人所划定的一个范围，它本是一个中性词。一个时期以来，“圈子”现象蔓延到了领导干部中间，他们以实现个人私利为目的，以山为名、以地为伍，以老乡、同学、战友等名义结合在一起形成“小圈子”。“小圈子”往往以权力为纽带，以谋私为目的，参与者或为了找靠山，不断升官；或为了彼此勾结，大发其财；或为了相互照应，互为利用。“小圈子”是封建社会“朋党政治”的糟粕遗毒，“圈子”虽小，危害甚大。领导干部钻入“小圈子”，就很容易被一些别有用心的人利用，把公权当做几个人的后花园，互相卖面子，搞钱权交易，最终葬送自己。以利相交，利尽则散。领导干部要慎独慎微，做好分内事，遵守好组织纪律。

组织才是最大的靠山。入了党的门，就是党的人。离开组织这个靠山，个人进步就是无源之水、无本之木。组织是核心、是基础、是最大的靠山，个人有了成长进步，一定要感党恩，而不要谢私恩。要强化党的意识，牢记自己的第一身份是共产党员，第一职责是为党工作，做到忠诚于组织，相信组织、依靠组织、服从组织、敬畏组织、感恩组织，任何时候都与党同心同德。

要“团结”而不“结团”。想要干成一件事，单靠自己的力量是不行的。与别人团结起来，往往事半功倍，但要有原则的团结，而不是无原则的一团和气。要有“君子之交淡如水”的认识，净化“朋友圈”和“工作圈”，多结交正直真挚的良师益友，多谋划富民利民之策，决不能搞团团伙伙、拉拉扯扯、结党营私。

织了关系网就是自投罗网。谨慎为官，从“小事”“小节”上防微杜渐，思想上不放松警惕，生活上不放纵自己。要严守党纪国法，不做不正当社会关系的编织者，不把本来正常的同学、师生、亲朋、上下级等关系，变成充斥庸俗味、铜臭气的名利场，不怀贪欲私念，不怀侥幸心理。

七十五、不能沾染江湖习气

江湖习气是封建社会的产物，讲的是称王称霸、称兄道弟，为了朋友两肋插刀、上刀山下火海，是江湖人的生存理论，与民主、法治等理念背道而驰。现实中，有的干部染上浓厚的江湖习气，与老板、商人勾肩搭背，甚至变成了十足的江湖人士，不喜欢互称同志，而称呼“老大”“老板”，为官讲究“江湖情谊”“哥们儿义气”，不讲真理、不讲原则，热衷搞团团伙伙、缔结同盟，以权谋私、权钱交易，触犯了党纪国法。江湖习气严重背离党的宗旨，滋生歪风邪气，对党的事业危害极大，理应旗帜鲜明地批判和清除。

要保持清清爽爽的同志关系。当干部是做公仆，不是混江湖。党员领导干部要大力弘扬健康向上的党内文化，厚植党内政治文化的土壤，以崇高理想凝聚人心，多一些浩然正气、铮铮骨气，自觉抵制江湖气、痞气，远离低级庸俗的生活方式和人际关系，以同志关系反对江湖关系，清清爽爽，不拉拉扯扯。

要构建亲清政商关系。政商完全不接触，那也会造成新的问题。要把亲清建立在法律基础之上，做到有边界、有担当、有作为。要明确划出领导干部与企业家交往的底线高线，坚守底线，不乱作为，又要看齐高线，帮助企业解决实际困难和问题。

七十六、防止“精神贿赂”

“精神贿赂”主要是以花言巧语、阿谀奉承的方式来迎合领导，拉关系、套近乎，讨得欢心、求得好感，从而达到自己的目的，也就是我们通常所说的“拍马屁”“抬轿子”“戴高帽”。

"谀谄我者，吾贼也。"与物质贿赂相比，精神贿赂形式隐蔽、成本低、收益高，更容易使人在思想上放松戒备和警惕，在昏昏然、飘飘然中迷失自我、忘乎所以，不知不觉就掉入圈套陷阱，最终被牵着鼻子走。"精神贿赂"就像是精神鸦片，吸之上瘾，危害很大，严重者会在长期的精神贿赂中被"捧杀"。领导干部要端正认识、提高警惕，分良莠、辨忠奸、识真伪。

要理性看待上下级关系。人们无论职位高低，人格上都是平等的。领导干部要以民主的作风和平等的态度对待下属和群众，鼓励大家说真话、讲"逆耳忠言"，虚心听取大家的意见，诚心接受大家的批评，赢得干部群众的支持、信任和理解。坚持"立"实干家、"下"不为者，公道正派选人用人，不能被表面上的言语所迷惑，狠刹吹捧之风，让溜须拍马、吹吹捧捧的投机者没有市场。

要自觉抵制"甜言蜜语"。领导干部要时刻保持头脑清醒，高度警惕，正确认识自己，客观评价他人，既勿媚于人，做到坦率真诚、刚正不阿，又要防范别人的谄媚，做到耳聪目明、心清气正。对"甜言蜜语"的诱惑敢于拒绝，勇于说"不"，模范遵守各项规章纪律，时刻筑牢防范"精神贿赂"的堤坝。

七十七、气不顺时有言必失，心不静时做事必败

气不顺就容易感情用事、气急败坏，说话不考虑后果，只

图一时之快，所以往往“有言必失”；心不静则容易遇事慌张、办事毛躁、逻辑不清、条理不明，解决问题没有章法，所以往往“做事必败”。其实，气不顺、心不静，说到底就是情绪管理不到位。情绪是对外界事物的态度反映，情绪就像影子一样每天与人形影不离。积极的情绪会带来阳光、快乐、健康，能够让人冷静判断、知性分析、科学决策；消极的情绪就容易导致头脑发热，干扰人的理性判断和正确决策，必将贻误事业发展。领导干部要提高个人修养，做到时时心静气顺、沉着冷静。

要及时清扫情绪垃圾。选择健康的生活方式，养成自我调适的良好习惯，学会调控和驾驭自己的情绪，正确面对挫折，树立阳光心态，缓解和释放压力，摒弃阴暗潮湿心理，以积极乐观的态度来看待周围的事物，把不良情绪转化为积极的行动，凡事多往好处想，善于从失败中看到成功、从黑暗中看到光明、从挫折中吸取教训，享受生命过程，不让抱怨成为一种习惯。

要养成平心静气的习惯。凡遇大事需静气。领导干部肩负振兴一方经济、造福一方百姓的重任，工作千头万绪、纷繁复杂，更是需要真正静下心来，涵养静气，养成平心静气的习惯，审时度势，作出科学、正确的决策，从而避免心浮气躁、头脑发热导致工作失误。

七十八、忙碌不一定有成效

常常听到一些领导干部发出这样的感叹：忙死了，累死了，两眼一睁，忙到熄灯。俗话说，当官不轻松，轻松不当官。人一旦当了领导干部，肩上的担子就更重了，劳心费神的事情就更多了。新时代是奋斗的时代，忙更应是领导干部的常态。但是，有些“忙”是白忙、空忙、瞎忙。有的是忙于名目众多的会议、接待、检查，随着上级领导脸色转。有的是工作中抓不住重点、把不住关键，事无巨细、事必躬亲，不敢放手、不愿放权，自己忙乱、下属瞎忙。忙碌要忙得有方法有成效，否则都是假忙碌。面对工作任务重、要求严、规矩紧的现实，要求领导干部忙到点子上。

要忙而不盲。做事不由东，累死也无功。惟有思路清，方可方向明。方向正确，才会少走弯路、冤枉路，最终达到目标。要认清形势、精准聚焦、瞄准靶向，把精力忙在自己的职责职能上，忙在办好顺民意、解民忧、增民利的实事好事上，忙在解决损害群众利益、影响社会稳定的突出问题上。

要忙而不乱。善于把自己从日常事务中解脱出来，紧盯大事要事打攻坚战，紧盯急事难事打歼灭战，紧盯薄弱环节打持久战，集中精力解决那些影响全局、事关重大的关键问题，决不能眉毛胡子一把抓。要从整体上把握事物之间的联系，统揽全局、统御各方，衔接好各项任务，优化资源配置，确保各要素无缝对接，增强工作的系统性、整体性、协调性。

七十九、简单的事不争吵，复杂的事不烦恼，发火时不讲话，生气时不决策

曾国藩曾说：“得意而喜，失意而怒，便被顺逆差遣，何曾作得主。”领导工作每天都会遇到各种各样的事，有复杂的事、简单的事，甚至还会遇到着急上火的事，以不同的心境去面对，就会产生不同的效果。领导干部以什么样的态度对待问题，用什么样的方式解决问题，不仅是能力水平的体现，也是个人素养的反映。

要深思熟虑。没有深入思考的行动是盲目的，没有深入思考的事业是平淡的。领导干部在遇到问题、碰到难题时要认真思考，反复研究事情原由，提前判断事情的可能发展方向，预判工作推进中可能遇到的困难，积极做好各方面准备。简单的事不折腾、不反复、不纠缠；复杂的事情理头绪、抓关键、找准切入点；突发情况，举重若轻、快刀斩乱麻。既不为简单的事所累，也不为复杂的事所扰，做到碰到事情泰然处之，解决问题游刃有余。

要遇事冷静。遇到事情时，不急于表态，不随便答复，不慌慌张张做决定，不毛毛躁躁出结果。要让自己冷静下来，多问几个问什么，多想一想前因后果，多找一找事情之间的关

联性，既不着急上火，也不随意发脾气，沉着冷静，从容应对，考虑周全后再去妥善办理。要敢于直面工作中的困难，完成任务时看到差距，取得成绩时想到不足，受到赞扬时保持清醒，虚怀若谷地听取意见，以便冷静科学地分析，权衡利弊提出办法，从而推动问题解决。

八十、请示汇报同样有诀窍

世事都是有规律的，掌握了就可以转化为办事的诀窍，不仅做事对路，往往收到事半功倍的效果。方法不对路，效果就不理想。请示汇报也不例外。1958 年，毛泽东同志听取一位省委书记汇报时，后者只讲了一些数字，没有观点，毛泽东批评道：“只谈情况，不谈观点，是开材料仓库。人的头脑是加工厂，没有材料不行，有了材料要经过加工，要产生观点，用观点统率材料。”任何工作都离不开请示汇报。领导干部要摸准脉门、找准窍门，请示到关键处，汇报到要害点，争取上级最大的支持。

请示工作要说方案。请示工作要请领导做选择题，而不是把问题抛给领导去思考。一定要自己先动脑筋想清楚，提出解决问题的若干方案，逐一分析利弊得失，拿出优先推荐的方案，陈述具体推荐的理由。简单地把问题抛给领导，是推卸责任的表现，一旦养成这种习惯，就会失去独立思考和解决问题的能力，永远没有进步和提高。

汇报工作要说结果。汇报工作要先说大概念再说小概念，先说结果再根据需要叙述过程和原因。有的同志未能从大概念入手，汇报显得零乱、琐碎，效果不好。有的同志办事不力、结果不好，往往层层铺垫、绕山绕水，找许多借口和理由搪塞蒙蔽领导，试图掩盖真实结果，最终欲盖弥彰，甚至激怒领导。即使结果不好，也要勇于担当、敢讲真话，如实向领导汇报。

总结工作要说得失。善于总结反思，从错误中学习，收获经验，形成规律性认识。不能因为害怕出丑，只谈成绩不讲问题。只有正视问题，才能够真正解决问题，把“绊脚石”变为“垫脚石”。把问题藏着掖着，就是定时炸弹，迟早会出事。

八十一、厚赏重罚是利器

《管子》有云:“故圣人设厚赏，非侈也；立重禁，非戾也。赏薄则民不利，禁轻则邪人不畏。”如果奖赏太薄，就会激励不够、动力不足，难以促人尽力而为；倘若惩罚太轻，便会让人无所顾忌、为所欲为，导致歪风盛行。厚赏能调动激情，重罚令恶人恐惧，厚赏重罚是管权治吏的利器。厚赏与重罚，互为补充、联系紧密。朱元璋肃贪刑罚很重，但是贪官还是前仆后继，主要原因就是“有重罚而无厚赏”；北周苏绰提出以贪反贪、以利益制衡利益，却让北周成了“短命王朝”。由此可见，如果只讲厚赏，就会人人逐利；如果只顾重罚，势必人人自危。只有厚赏与重罚“双剑合璧”，方能长治久安。

赏要赏得心动。美国总统林肯曾说：“利益是撒在天才之火上的最佳燃料。”用利益驱动利益，用利益创造一个更大的利益或许是一个国家富强的关键。对能为中国人民谋幸福、为中华民族谋复兴，在各自领域做出重要贡献的人才，要加大奖赏力度；对敢为人先、勇于担当的领导干部要重点培养，优先提拔使用，让流汗者不留憾、实干者得实惠。

罚要罚得心痛。如果作恶、犯罪成本很低，选择作恶、犯罪以获利的人就会络绎不绝。要始终保持高压态势，坚持无禁区、全覆盖、零容忍，坚持重遏制、强高压、长震慑，让腐败和违规违纪行为在监督之下无所遁形，让“害群之马”受到法律的严惩，对不作为、懒作为、慢作为的干部要坚决问责、严厉打击，以严惩重罚赢得政治生态的山清水秀。

八十二、心理暗示，调动潜能

心理暗示是指人接受外界或他人的愿望、观念、情绪、判断、态度影响的心理特点，是人们日常生活中最常见的心理现象。所谓念念不忘必有回响。消极的心理暗示会误导个人的判断，让人产生自卑心理；积极的心理暗示不仅能够改变我们对生活的态度和期望，还会激发出意想不到的巨大能量。若总对自己说“凡事我都做不好”“我注定要失败”，那慢慢地将会变成真的做不好、真的失败，最终浑浑噩噩、碌碌无为过一生。若随时为自己鼓掌，不断暗示自己坚持就会成功，那么定会朝着成功的方向迈进。人人都需要正能量、正能力，然而强者不是天生的，正视心理暗示的巨大能量，即使处境艰难，仍要肯定性思考，对自我进行积极的心理暗示，战胜和超越自卑，走向成功和卓越。

要有“天生我材必有用”的自信。做内心强大的人，对自己有信心，善待自我，不以物喜、不以己悲，保持积极乐观的阳光心态，发挥自己的长处，挖掘自己的潜能，锐意进取、敢想敢干，以舍我其谁的气概创造经得起历史检验、对人民有益的业绩。

要有“不到长城非好汉”的豪情。拥有必胜的信念和不畏艰难的英雄气概，保持一往无前的闯劲、干劲和韧劲，在纷繁复杂中理出头绪来，找准工作的方向和定位；在千斤重压下提振精气神，鼓足前行的底气和勇气；在矛盾问题前挺起胸膛，找出解决的办法和措施，真正把问题踩在脚下，把困难甩在身后，在奋勇前行中实现自己的人生价值。

八十三、善于营造心的力量

心的力量是精神的力量，是最根本、最持续、最无限的力量。心的力量有多大，决定了一个人能够成就多大的事业、创造多少奇迹。邓小平同志如果没有一颗强大的心，就不会在“三落”之后“三起”，就不会成为中国改革开放的总设计师。领导干部要善于营造心的力量，在日常工作生活中训练心的耐受力，培养永不言弃、坚定不移的意志，培养百折不挠、屡败屡战的斗志，培养忍辱负重、绵里藏针的智慧，在狂风暴雨中炼就强大的内心，辐射影响带动他人的内心，为推动事业发展提供强大的精神动力。

信心比黄金更重要。自信是发自内心的自我肯定，是人生成长的强大精神支柱，是领导者必备的心理素质之一。有了自信才能产生勇气、力量和毅力，才能承受挫折、克服困难。要镇定、从容、激情、乐观，潜移默化影响下属的朝气和活力，稳定局面和人心。要坚定自信，正确认知自我，客观评价自我，不懈地努力奋斗。

良好的心态是成功的一半。心态不同，命运不同。积极的心态，让人看到希望，保持进取的斗志，才能沿着成功的道路奋进。要提振干事创业的精气神，永远在状态，积极进取，以强者的姿态拓展新的领域，奋力去改变前途和命运。

八十四、动员百遍，不如问责一次

动员就是发动、劝说人们参加某项活动。开展一项工作时，往往需要对特定群体进行一些动员，如宣传动员、会议动员等。但动员只能解决思想层面的问题，如果没有强制执行力，动员之后就会不见行动或是落实不好，这时就需要使用问责利器。现实中，一些工作开过很多会、发过很多文，却没有后续跟踪问效和相应的督查处理，结果最后不了了之。动员是必要的，可以让大家充分认识工作的重要性，但只是一味地动员，而没有强硬手段作保障，工作完成效果是会大打折扣的。只有强化问责、严格问责，才能有效传导压力，达到“问责一个，警醒一片”的目的。

要敢于动真碰硬。习近平总书记指出，问责不能感情用事，不能有怜悯之心，要“较真”“叫板”，发挥震慑效应。要健全完善问责办法，发扬“最讲认真”的精神，严肃追究问责履职尽责不到位、工作不在状态、作风轻浮的干部。决不能手电筒只照别人不照自己，决不能事不关己高高挂起放任问题不管，决不能明哲保身做“老好人”，决不能搞下不为例、网开一面，要真正发挥问责利剑作用。

要强化问责效果。问责不是目的，问责只是手段。通过问责要让干部警醒，认识到自身存在的问题，也让周边的人认识到此类问题的严重性，认识到上级对这一问题的重视。问责直接教育当事人，也同时教育其他人。既要紧紧盯住重点领域和关键环节，也要抓住关键少数和突出问题，把问责与干部考核结合起来，把问责与干部职务职级晋升结合起来，突出问责结果的运用，让干部感受问责的压力，认识问责的威力，提升守纪的意识，激发干事的激情。

八十五、鼓励胜于批评，关心胜于指责，指导胜于命令

领导的重要作用之一，就是充分调动下属的主观能动性，帮助下属释放潜能、克服困难、创新创造，鼓舞下属朝着目标奋力迈进。有的领导习惯于批评、指责、命令，渐渐地下属失去了信心，成为木偶人，只会照着办，团队战斗力大打折扣。好的领导善于把正能量传递给下属，让下属产生做事的愿望、冲动、热情和干劲，爆发燃烧“内心的小宇宙”。

激励带来动力。有研究发现，一个没有受过激励的人，仅能发挥其能力的20%—30%，当他受到激励时，其能力可发挥至80%—90%。激励下属不仅仅是肯定成绩那么简单，要帮助下属适当调高工作的目标，增强竞争意识、行动意识和自律意识；要随时关注下属在不在工作状态，适时鞭策、施压，让下属产生紧迫感、危机感。

关爱铸就铁军。主动关心爱护下属，即使是与自己有过矛盾的人；要多做“雪中送炭”的事，关爱到点子上；要远离暴戾气，杜绝耍特权、逞威风；要力戒“好人主义”，少些圆滑、私心和俗气。

培育造就尖兵。对新人要多指导教育，深度挖掘培养对象的潜能。要言传身教，做好示范；要因材施教，对症下药；要给予方向的引导和具体的指示，讲清楚为什么、怎么做，让下属明白方向，劲往一处使。要耐心细致，手把手地指导工作，要不厌其烦，不断纠错包容，让下属在实践中不断磨砺出单兵作战的能力。

八十六、不要吝啬对下属的赞美

赞美下属是对下属的行为、举止及工作给予的正面评价，是发自内心的肯定与欣赏。下属受到肯定和激励，会更有自信、做得更好。受传统文化影响，我们不习惯赞美别人，而把对别人的赞美埋在心底，通过批评别人来“帮助成长”。俗话说，“数子十过，不如奖子一长”。有时候一个赞许的眼神、几句称赞的话语，都会产生意想不到的激励作用。当作出成绩的下属想要得到领导的肯定，而领导却忽视这种需求时，往往会挫伤士气。作为领导干部，对下属不仅要真心赏识，更要养成赞美的习惯。

要火眼金睛识美。练就一双善于发现美的眼睛。善于去发现下属值得赞美的闪光点，从具体的事务、实际的事例中去寻找下属的优点，在肯定、理解和尊重的基础上去寻找下属的不同之处，把赞美下属看成是一种境界、一种涵养、一种素质。

要真心实意赞美。每个人都珍视真心诚意。只有名副其实、发自肺腑、情真意切的赞美，才能显示出它的光辉、魅力。赞美下属态度要真诚、自然，刻意的赞美无疑是一种谄媚，将导致下属的厌恶和唾弃，只有真心实意地赞美下属，才能使下属变得更积极主动、更乐于协作。

要适时适度赞美。必须要掌握好恰当的时机，注意赞美的场合。在下属做出成果时，就应该不失时机地对下属加以肯定，在众人面前赞扬下属，对被赞扬的下属而言，受到的鼓励是最大的，就能够使他们更高标准、更高质量地完成领导赋予的工作和任务。同时也要明白，间接适度的赞美比直接过度的赞美，更能激发下属的工作意愿。

八十七、信任而不放任

领导与下属是一个密不可分的整体，在工作中应该互相信任。信任是领导对下属品质、能力的肯定。信任产生力量，信任激发潜能，信任促进团结。信任要求领导者对有能力勇担当的下属敢于给位子、善于压担子、巧于搭台子。但信任是有度的，信任不是放任，信任能把事情做好，放任会把事情毁坏，绝对的信任导致缺乏监督、缺乏沟通，从而造成局面的不可控制。

要用人不疑，疑人不用。使用是最大的信任。重用一个人就不要怀疑他；怀疑一个人，就不要重用他。如果一个领导，一边使用下属，一边又怀疑他，那么下属会在工作中受到掣肘，长此以往，必然导致矛盾重重，产生信任危机，影响工作运行。要尊重别人，多看别人的优点长处，用其所长用当其时，不要因为个人的某些不足而影响任用。要理性分析各类“非议”，谨慎思考，认真分析，切不可“听风就是雨”，让杂言秽语干扰自己的用人考虑。要积极创造条件，让下属充分展现才能，为下属的进步而高兴，为下属的提拔而喝彩。

要全过程管控。既要注重纠正偏向，避免大方向上的南辕北辙；又要注重纠正偏差，发现并关注下属在工作过程中出现的错误问题，出点子、教方法，及时修正完善，切实提高工作质量。工作中既不能一放了之，当甩手掌柜，也不能事必躬亲、事无巨细，要把握重点，牢牢抓住关键环节，把重要的事情抓在自己手上，全过程参与，深度介入，全流程监督，做到放得开、收得拢，收放自如、运筹帷幄。

八十八、和谐不是和稀泥，团结不是一团和气

讲团结是大智慧，会团结是大本事，团结好是大境界。讲和谐讲团结，是领导干部必备的素养。但是，和谐不是一味地和稀泥、当老好人；团结不是无原则的一团和气。现实中，这样的问题不同程度存在。大多数落马干部都讲和稀泥、搞无原

则的一团和气，为的是拉拢人搞人身依附，搞坏了党风政风，在出现苗头性问题的时候没有同志帮助提醒，亲手把自己送进深渊。领导干部要牢记职责，讲和谐要讲原则，搞团结要清清爽爽，切忌和稀泥、搞无原则一团和气。

要在坚持原则的前提下讲团结和谐。不管什么时候，讲团结也好，讲和谐也好，更要讲原则，领导干部就要讲原则，就要负责任。要构建清清爽爽的同志关系，营造和谐共处、团结共进的健康氛围，心往一处想，劲往一处使，既要团结干事，又要氛围良好，在心齐气顺的前提下把事做好。

要用好批评与自我批评这个有力武器。开展批评与自我批评是一种态度，更是一种艺术。要有善意的动机，以对事业负责、对同志负责的责任感，咬耳扯袖，提醒警醒，把问题消灭在萌芽状态。要一身正气，积极开展健康的思想斗争。要注意场合，讲究方式方法，把握好度，既要敢于批评，又要善于批评，也要接受别人的批评。既要直言不讳，也要和风细雨，做到动机与效果和谐统一。

八十九、上山问樵，下水问渔

一般来说，进入山林就要向樵夫请教，因为砍柴人熟悉山里的情况；到了水边就要向渔夫请教，因为捕鱼人了解水的习性。其中蕴涵的道理就是遇事要求教在这方面富有经验的人，让专业的人来解决专业的问题。现实中，有的领导干部自以为是全才，什么都懂，缺乏深入调查研究，拍脑袋决策；有的不懂装懂，凭经验办事，缺乏具体问题具体分析；有的照抄照搬书本，难以适应实际情况。这些都是不实事求是的表现。领导干部要知道天外有天、人外有人，遇事多求教，切忌当井底之蛙。

要俯下身子，虚心求教。领导干部要有自知之明，知道自己的能力和不足，要谦虚好学，善于向身边的人学习、善于向老百姓学习、善于向专家学者学习。要经常深入基层、深入群众、深入实际调查了解情况，不断获取新信息、掌握新方法、积累新经验，才能够提高自身的分析判断能力、计划决策能力、组织指挥能力、协调控制能力和探索创新能力，把事干成，把事干好。

要找对人，问在点上。学习求教不是眉毛胡子一把抓胡乱地问，而是要有的放矢，有针对性地问。要以问题为导向，充分了解问题的前因后果，掌握全面素材，清楚问题的难点痛点，再根据问题的不同类别去寻找专业领域的权威、专家，解答关键的问题、给出关键的信息、拿出关键的办法，融入到实际工作中去，取得扎扎实实的成效。

九十、听真话与讲真话

听真话与讲真话是紧密关联的。只有听得进真话，下属、同事、群众才会讲真话。假如合口味的才听，不合口味的就斥责，那么谁也不愿意讲真话，闭目塞听只会做出错事、蠢事。听到真话，了解真情，才能讲出真话。不愿听真话的人很难指望其讲真话。领导干部想要听到真话，就要有听得进真话的胸襟，还要有讲得出真话的胆量，只有以身作则讲真话，才能带动别人讲真话。

要闻过则喜。抱着开门纳谏的态度，放下架子，放低身段，鼓励干部群众提意见，诚恳地请干部群众讲真话。时刻做到诚心接受别人批评，虚心听取意见，面对别人提出的不同意见，指出的缺点和不足，以欣喜之心接受，以谦虚之心反省，以坚定之心改正。要认真分辨哪些是真话、哪些是假话，正确引导干部和群众“知无不言，言无不尽”，营造畅所欲言的和谐氛围。

要实事求是。讲党性不讲私情、讲真理不讲面子、敢于亮剑不怕得罪人，毫不犹豫地站稳党性立场，坚定不移维护人民利益。做到说真话，办实事，不掩盖、不歪曲事实真相，敢于力排众议，坚定地站在真理一边。重视提高自身素质，大兴调查研究之风，提高讲真话的可信度，有的放矢、言之有据、言之有理，有利于同志改正错误，有利于领导正确决策。

九十一、善于倾听

倾听是了解情况的重要手段。它不是简单地听，是全身心感受对方谈话过程中表达的语言信息和非语言信息，通过思维活动充分认知和理解。语言往往是戴着“面纱”，要能够听出话外音、领悟言外意。现实中，有的领导干部不会听，或听风是雨，或仅得皮毛，或偏听偏信，采集不到有效信息，造成决策失误。善于倾听既是一种素养，更是领导干部的基本功。研究重大问题，更需要广泛听取意见、充分酝酿讨论、反复分析比较，才能够作出正确决策。

听得要准。了解情况不是简简单单带着耳朵就去听，要有计划有安排。要找准听的方向，解决“听什么”的问题，列出亟需了解的问题。要找准听的对象，解决“听谁讲”的问题，向最了解实情的人请教。要找准听的方法，解决“怎么听”的问题，让人敞开心扉、畅所欲言。

听得要深。信息不经过深度挖掘就是垃圾。要刨根问底，敏感地抓住线索和关键，追问追问再追问。要善于沟通，调动谈话对象的积极性和主动性，在思想碰撞中激发智慧的火花，鼓励讲真话。要用心用脑，全神贯注，积极倾听，边听边思考，充分理解讲话的内容，不断提出新问题作出新判断。

听得要全。不仅要倾听领导意见，还要倾听专家意见、倾听老百姓的意见、倾听多方面意见，防止闭门造车、唱“独角戏”。要历史地听，听由来、听发展、听变化，掌握来龙去脉，明了利弊得失。要联系地听，重视此事物与彼事物的联系，由此及彼，不断突破，全面掌握情况。要辩证地听，牢记“兼听则明，偏信则暗”的古训，广开言路、开门纳谏，多听逆耳忠言，多听不同声音，闻过则喜、从谏如流，不被场面上的话蒙蔽。

附一：领导方法负面清单二十项

领导方法是领导者从事领导活动所运用的方式和手段。方向确定以后，方法便为王。一定意义上说，能不能实施正确有效的领导，取决于领导者有没有科学的领导方法，新时代对领导方法提出了更高要求。当下，一些领导干部“老办法不管用、新办法不会用、硬办法不敢用、软办法不顶用”，说到底还是没有掌握正确的领导方法。如果从负面清单去了解问题所在，就可以少走弯路、减少失误，正确的方法自然会应运而生。结合多年实践和思考，就领导方法容易出现的偏向和误区列出 20 项负面清单，我们要有则改之，无则加勉。

一、只想当官不想干事，只想揽权不想担责，只想出彩不想出力

在其位、谋其政、担其责，是对领导干部的基本要求。现实中，一些领导干部把当官当作一种享受和炫耀，见了好处就上，遇到困难就让，追求权力多多益善，承担责任越少越好。这样的人是没有资格当领导干部的，不能委以重任。

为官就得正"官念"。 应当把权力视为一种负担，当官是受罪的，没有那么好当的，无官才一身轻。党和人民把我们放在领导岗位上，就是对我们的信任，是给了我们为党分忧、为国效力、为民尽责的机会。要对党的事业绝对忠诚，以干事为荣，以避事为耻，尽到一个人民公仆的本分。

为官就得有担当。 有职必有责，有责必担当，有多大担当才能干多大事业。要积极主动承担党和人民赋予的各项任务，尤其是急难险重的任务，善于解决别人解决不了的问题，在大是大非面前敢于亮剑，在矛盾问题面前迎难而上，在危机困难关头挺身而出。

为官就得有作为。 有的领导当干部只想吃香喝辣而不想吃苦受累。殊不知，天下没有坐享其成的事。要想收获、出彩，就必须付出耕耘的汗水，心甘情愿地消耗自己。要有"一日无为、三日难安"的境界，自觉走在前、做表率，苦干实干、主动作为，创造出一番经得起人民、历史和实践检验的成绩，不负组织重托、人民期望。

二、我的地盘我做主

这是一种封建官僚思想，就是“针插不进、水泼不进”，搞“独立王国”；封官许愿、任人唯亲，专横跋扈，践踏民主集中制，大搞家长制，个人说了算，树立所谓“绝对权威”，成了“一霸手”。这是不讲政治、不守规矩的表现，对党风政风社会风气危害极大，对政治生态破坏极大，必须坚决杜绝。

要自觉摆正位置，不能把职权范围当作私人领地。铁打的衙门流水的官。必须清醒地认识到自己的岗位是组织安排的，权为民所赋，权为民所用，掌握的是公器，手中的权力姓公不姓私，做到公器与私利楚河汉界、泾渭分明。坚决反对分散主义、本位主义、山头主义、地方保护主义。要敬畏组织，敬畏权力，不能把岗位当作炫耀的资本，自我膨胀、自我陶醉。

要把纪律和规矩挺在前面，不能“一手遮天”。要始终把讲政治摆在首位，牢固树立“四个意识”，自觉做到“四个服从”，坚决维护党中央权威和集中统一领导。要严格执行党章和各项纪律规矩，不折不扣落实好上级的决策部署，不搞选择性执行、变通性操作，确保令行禁止、政令畅通。

要充分发扬民主，不搞“一言堂”。领导干部特别是一把手要带头执行好民主集中制，严格严肃领导班子议事规则和决策程序，广泛听取意见、集思广益，达成共识、形成共为，推动工作落地见效。要把团结作为一条政治纪律要求，作为一种政治境界、思想境界来追求，形成心齐、气顺、风正、劲足的生动局面。

三、只要结果，不要过程

过程是事物发展所经过的程序、阶段，经历一定的过程，才会有一定的结果。“只要结果，不要过程”，好像很有魄力，其实不然，反映出一些领导干部急于求成，工作不深不细，是典型的官僚主义作风和“甩手掌柜”的做法，往往促使下属为了完成任务、交差应付而弄虚作假、欺上瞒下，数字造假、搞政绩工程。过程和结果一样重要，没有过程哪有结果，过程管控好了，结果自然不会差到哪里去。

要合理安排，把握节奏。尊重客观实际，实事求是地给下属安排任务、下达指标，既给下属压担子，又使其充分发挥工作积极性、创造性。同时，重要工作要牢牢抓在手上，加强过程管控，深度介入，掌握好节奏、步骤和力度，对各项工作开展情况做到心中有数。

要严格标准，及时纠偏。方向正确才会有好的结果，注重过程必须注重纠偏。既要注重纠正偏向，避免大方向上的南辕北辙；又要注重纠正偏差，善于发现并关注下属在工作过程中出现的错误问题，主动做一些细致、具体的工作，出点子、教方法，及时修正完善，切实提高工作质量。

要总结反思，不断进步。善于总结反思者，总是能够将认识升华、发展，最终指导实践、取得成效。要在过程中边实践、边总结，既要总结正面经验，增强信心、鼓舞斗志；又要汲取反面教训，举一反三、亡羊补牢。

四、只许州官放火，不许百姓点灯

这是一种封建余毒，比喻一些领导干部自己无法无天、肆意妄为，对待下属和群众却求全责备、锱铢必较，这是典型的用马列主义手电筒照别人、用自由主义的手电筒照自己，从深层次折射出一些领导干部身上的“官本位”思想、特权思想。政者，正也。领导干部必须以身作则、率先垂范、严以用权。

要把人民放在心中最高位置。坚持以人民为中心的发展思想，在全心全意为人民服务中提高政治站位、提高工作能力，在服务人民中不断完善自己，做到严以用权、为民用权，利民之事、丝发必兴，厉民之事、毫末必去。

要把自己摆进去。坚决反对特权思想、特权现象，牢固树立法律面前人人平等、制度面前没有特权、规章约束没有例外的意识，要求别人做的自己先做到，要求别人不做的自己坚决不做，使正人先正己的意识深深根植于思想和行动之中。

要把权力关进制度的笼子。以敬畏之心对待手中的权力，秉公用权、依法用权、廉洁用权，做到“法无授权不可为”。主动接受监督、自觉接受监督、乐于接受监督，养成在“放大镜”“聚光灯”下行使权力的习惯，让权力在阳光下运行。

五、多栽花，少栽刺

花柔和、芳香，闻着神清气爽；刺坚硬、锐利，一不小心会伤人伤己，所以大家都喜欢栽花，不喜欢栽刺。但在领导工作中，如果一味讨巧卖乖、回避矛盾，搞无原则的一团和气，就变成了典型的明哲保身和精致的利己主义者。习近平总书记指出：“好人主义盛行，有问题不指出，有过错不批评，这种庸俗作风盛行之处，往往就是党组织和领导上政治软弱、作风涣散的地方，就是党员、干部中出问题多的地方。”所以领导干部要多听“刺”言、少听“花”语，该“栽刺”时须“栽刺”，不能搞爱惜羽毛那一套。

要敢于讲真话。跟理不跟人、从道不从上，一是一、二是二，丁是丁、卯是卯，是非曲直、好坏对错，分得清清楚楚，不当“老好人”、不搞“好人主义”。“好人主义”绝不是什么好主义。当然，讲真话也要讲究策略、场合、时机，尽量化消极因素为积极因素。

要敢于坚持原则。长期掩盖矛盾而不正视矛盾，只能造成矛盾激化。要讲党性不讲私情、讲真理不讲面子、敢于亮剑不怕得罪人，毫不犹豫地站稳党性立场，坚定不移维护人民利益。要让上下级之间、同志之间的关系回归正常、理性和本真，团结而不“结团”，同志而不“同伙”。

要敢于进行积极健康的思想斗争。发扬斗争精神，区分斗争性质，提高斗争本领，进行伟大斗争。要坚持真理、修正错误，严肃党内政治生活，具有不怕得罪人的英雄气概，敢于批评与自我批评，旗帜鲜明地抵制和反对关系学、厚黑学、官场术、潜规则等庸俗腐朽的政治文化，不断培厚良好政治生态的土壤。

六、见人说人话，见鬼说鬼话

这话常常用于形容见风使舵、阳奉阴违。现实中，那些被查出的腐败分子都是台上一套，台下一套；说一套，做一套；人前是人，人后是鬼；搞口是心非、阳奉阴违的“伪忠诚”。党章明确规定：“反对阳奉阴违的两面派行为和一切阴谋诡计。”“两面人”弄虚作假，欺上瞒下，自以为天衣无缝，殊不知“天网恢恢，疏而不漏”，“假脸”终有一天会被撕破。领导干部一定要对党忠诚老实，说老实话、办老实事、做老实人。

要光明磊落，坦坦荡荡。为人处世只有襟怀坦荡，才能团结同志、凝聚人心。无论对上级、对下属、对群众都要推心置腹，以诚待人、以情动人、以心交人，不分高低贵贱，不分亲疏远近。要坚决杜绝“七个有之”，做到“五个必须”，在守纪律、讲规矩上作表率，自觉做政治上的明白人、老实人。

要表里如一，言行一致。以事实为依据，如实地反映客观情况，既不能藏着掖着、报喜不报忧，也不能歪曲事实、掩盖真相、弄虚作假，在该发表意见的时候大胆表达自己的观点，决不违心地见风使舵、言不由衷，更不能搞“会上不说，会下乱说”。

要善于甄别“两面人”。坚持全方位、多角度、立体式地考察干部，注重干部的一贯表现，全面、历史、辩证地看干部，从蛛丝马迹中让“伪忠诚者”现原形、难存活，把那些口是心非、阳奉阴违的“两面人”甄别出来、调整出去。

七、通不通三分钟，再不通龙卷风

做任何事情都要循序渐进，一步一步来，不能急于求成，否则欲速则不达。有的干部工作方式简单、态度粗暴，没有耐心和恒心，用压服代替说服，动不动就大发雷霆、大动肝火。这是典型的心浮气躁的表现，是作风不正、党性修养不够的反映。

要不厌其烦，不畏其难。安排部署工作，面对下属的不理解、不明白，要认真指导，将心比心，换位思考，切不可轻易动怒发火，能够容言容人容事，以冷静和韧性从容应对一切。面对突发事件，要与群众面对面交流沟通，安抚他们的情绪，耐心细致地做思想工作，对合理的要求给予明确答复，对不合理的部分做好法律、政策的宣传解释。

要春风化雨，润物无声。站在能有效解决问题的角度上去出主意、想办法、做决策，用心用情、尽职尽责地做好工作，把对上负责与对下负责有机统一起来，对存在的问题要及时分析研判，注重在实践中学习和揣摩，善于总结和积累经验。

要动之以情，晓之以理。求同存异，允许有不同意见，对于工作中不妨碍大同的个性，不能采取限制或者打压的办法。面对认识模糊、矛盾分歧较大的问题，要引导大家明是非、辨真伪，学会换位思考，解开思想疙瘩，做到心平气和、心齐气顺。

八、坐着小车转一转，隔着玻璃看一看，看完以后吃顿饭

密切联系群众是党的优良传统，也是对领导干部的基本要求。然而，现实中有的领导干部到基层调研，满足于走一走、看一看，与群众握个手、照张相；有的两手空空一身轻，不带纸来不带笔；有的人到心不到，浮光掠影、蜻蜓点水、走马观花。这些典型的形式主义做法，既体察不到基层真实情况，更不可能为群众解决实际困难，伤害群众感情，损害自身形象。

要“身入”，更要“心入”。经常深入到基层一线去

“接地气”“摸活鱼”，经常到群众中了解掌握“沾泥土”“带露珠”“冒热气”的鲜活情况，放下架子、扑下身子，拜人民为师、向人民学习，问需于民、问计于民，真正和广大群众打成一片、融为一体。

要“调查”，更要“研究”。带着问题下基层，既摸清综合情况、又了解典型案例，既了解成绩经验、又发现问题不足。坚持从群众中来、到群众中去，在深入了解情况的基础上进行去粗取精、去伪存真、由此及彼、由表及里的研究分析，使制定的政策措施更有针对性、操作性。

要解难题，更要聚人心。不仅要深入基层“接地气”，更要服务基层“聚人心”。要及时解决涉及群众切身利益的重大问题，真心实意地纾民困、排民忧、解民难，在为民服务中赢民心、树形象。

九、新官上任“三把火”

一些干部走上领导岗位后，上任伊始情况不明胆子大，总想着烧“三把火”来立威、来体现自己的本事。有的便是几番猛火之后就失去了耐力和定力，搞得虎头蛇尾、半途而废。然而，这“火”该烧什么、该怎么烧，都应该事先想清楚、弄明白。其实，隔行如隔山，任何一项领导工作都不简单。因此，初来乍到，要少烧“三把火”，多浇“三盆水”，一盆洗头，头脑清醒有定力；一盆洗手，手不乱拿清正廉洁；一盆洗脚，迈开脚步深入基层。根据领导工作的基本原理，新官上任首先是要控制局面、确保平稳运行，再来考虑出新出彩的问题。

立足长远，循序渐进。不能只做一些显山露水、“贴金露脸”的事，更要关注那些工作难度大、事关长远和老百姓根本利益的大事难事实事。要延续过去合理的、可行的、科学的决策，立足当前，着眼长远，甘做铺垫工作，甘抓未成之事。

静水深流，方成大业。必须学会低调做人、高调做事、平实为官，深刻而不肤浅、内敛而不浮华、昂扬而不张扬，始终保持着创业的姿态，始终维持着炽热的情怀，始终坚持无私的理想，在不张扬中成就一番大事业。

持续用力，久久为功。“事辍者无功，耕怠者无获。”正确的方针政策要取得实效，重在坚持、贵在坚持、难在坚持。要不忘初心、牢记使命，持续保持热情和干劲，过了一山再登一峰、跨过一沟再越一壑，朝着既定的目标持续用力、久久为功。

十、“说了”就是“做了”，“动了”就是“成了”

日常生活中，我们都知道说和做是两码事，行动了不代表就完成了，关键还是要看结果、看成效。但有的领导干部却自欺欺人，发个文、开个会，就等于工作已经开展了、任务已经完成了。有的只说不做，行动在嘴上、落实在纸上，讲得头头是道、做得轻轻飘飘；有的雷声大、雨点小，表决心惊天动地，看成效毛毛细雨；有的工作措施才制定，就开始总结宣传经验。领导干部一定要走“实干兴邦”的大道，不走投机取巧的邪路，做到谋事实、创业实、做人实。

一个行动胜过一打纲领。说一千道一万，不如实际干一干。喊破嗓子，不如做出样子。要真抓实干，出实策、鼓足劲、办实事，不图虚名、不务虚功，每一项工作都要想深想细想透，每一个环节都要把控到位，每一个成效都要看得见摸得着。

落实是对上级最好的汇报。干工作最容易的是做样子，最费力的是抓落实。凡是对组织和群众作出的承诺，必须无条件地、尽全力地去履行。要强化结果思维、效果导向，做事不只是满足于做了，而是要追求做成、做好。工作完成后要及时反馈。

没有督查就没有落实。任务布置了并不意味着就万事大吉，关键是要强化跟踪问效、督查落实。一件工作不仅要交任务，还要注意解决相关问题并且定期跟踪监测，检查完成情况，确保各项任务落实到位、做出成效。

十一、新官不理旧账

新官理旧账，才是正确的政绩观。新上任的领导干部，不仅要接过权力，也要接下问题，以不怕难、不怕乱的态度去迎接任务、解决问题。一些领导干部怀有“新官不理旧账”的心态，有的对前任工作思路、各项规划一味否定“兜底翻”，另起炉灶搞一套；有的认为遗留问题多为“烫手的山芋”，历史旧账都是烂账、糊涂账，与己无关，不愿收拾烂摊子。不认旧账，就是不担当不作为。新官要主动认领这些旧账，正常的账要清，失误的账要纠，不完善的账要补，尤其是涉及群众利益的账要分文不差地还。

要有继承“旧账”的担当。“接位”更要“接力”，无条件接受单位、组织的债权债务，及时进行清算审计，不怕拖累和麻烦，更不能因前任提拔为上级领导，就不敢叫真碰硬。要有“一张蓝图绘到底”的境界和担当，考虑经济发展和政策落实的连续性，继承过去的好思路、好经验、好做法，不能盲目“否定”、任意“洗牌”。

要有偿还“老账”的方法。要处理好“陈年老账”，光有担当精神是不够的，还需要不断增强自身的能力素质，丰富自身的经验阅历，把老账圆满了结。要把问题当作一个“好东西”，用历史的眼光和发展的思维审视、总结问题，把准症结，正确处理“旧账”背后盘根错节的利益关系和矛盾交织的复杂局面，在循环往复中推动工作。

要有不欠“新账”的作为。解决了“老账”，并不意味着就不会欠下“新账”。要提升决策部署的合理性和科学性，避免患上政绩“狂躁症”，盲目增加群众负担，透支发展后劲。

要当敢于认账的领导，还账不赖账，交账不欠账，才能让人民群众真正对你“买账”。

十二、种了别人的地，荒了自家的田

一般来讲，田地中间都有界石，哪块是你的，哪块是我的，一清二楚，农民只会在自己的田地里耕种劳作，而不会放着自己的地不管，去帮别人种田。如果不小心弄错了，还会被人笑话，成为笑谈。现实中，一些领导干部主业意识模糊、主责边界不清。其后果，必然导致职责错位、越位、缺位，最终影响全局工作的推进和效果。“在其位，谋其政”，领导干部首先要明白自己的主要职责所在，按职能职责做事，做好分内之事。

要厘清职责边界。无论从事哪项工作，身处哪个岗位，首要的是搞清楚工作任务是什么、职责边界在哪里。要制定职责清单，明确哪些事情是自己必须做的，哪些责任是必须要承担的。

要自觉按职能职责做事。要坚持“谁家的孩子谁抱走”，聚焦中心任务，突出主责主业，善于从繁杂的“副业”中解脱出来，把主要精力转移到主要工作任务上来，把不该管的事交还给主责部门，把该管的切实管住、管好、管到位，而不是扔下自己该干的事不干，去凑那些不该凑的热闹。

既要为一域争光，又要为全局添彩。干好本职工作，不是“事不关己，高高挂起”，更不是搞个人主义、本位主义。要把围绕中心、服务大局作为思考谋划一切工作的根本出发点和落脚点，在大局中找准定位，既按职履责，又按章办事；既种好自留地、管好责任田，又唱好“群英会”、打好“合力牌”。

十三、脚踩西瓜皮，滑到哪里算哪里

这句话告诫我们：做事要有计划性、前瞻性，不能凭感觉做事，见子打子。“凡事预则立，不预则废。”领导干部从事的是党和人民的事业，需要科学周密的谋划，制定长期、中期、短期目标，下好先手棋、打好主动仗，不让一日空过，不能没有目标、计划。

目标明确，才能行稳致远。干事业、抓工作，只有精准聚焦、靶向瞄准，才能朝着正确的方向不断前进。卓越是远大目标和切实行动的融合。要立足当前、直面问题，着眼未来、登高望远，做到“身在事之中、心在事之上”。

心中有数，才能手里有招。无论做什么事，都要预先知道事情的可能发展前景，预先看到可能遇到的困难，预先防止可能发生的最坏情况，为争取最好结果而做好各方面准备。要加强统筹谋划，强化总体设计，分清轻重缓急，对实现目标作出周密、详细的安排部署。对可能出现的突发情况，要举重若轻、果断决策，以简单对复杂、快刀斩乱麻。

一锤接着一锤敲，才能把钉子钉好。行百里者半九十。当领导干部就要紧盯大事要事打攻坚战，紧盯急事难事打歼灭战，紧盯薄弱环节打持久战，积小胜为大胜，脚踏实地、勤勤恳恳，切实履行好自己的岗位职责。

十四、头痛医头，脚痛医脚

这句话本意是指只医治疼痛的部位，不追究病根，比喻处理问题不从全局考虑，不究其根本。这种手法只是蹩足郎中的招数，找准病灶、对症下药，才是祛病良方。做好领导工作，必须强化系统思维，对事情进行系统思考和整体谋划，注意各要素之间的关联性、耦合性，坚持系统思考、科学统筹，防止就事论事、单兵突进、零敲碎打。

发现问题要“望闻问切”。要强化问题导向、过程导向、目标导向和效果导向，多运用“求解性思维”，开展深入的调查研究，努力找到解决问题的钥匙。要善于透过现象看本质，撇开枝节抓根本，从繁杂问题中把握事物的规律性，从苗头问题中发现事物的倾向性，从偶然问题中揭示事物的必然性。

剖析问题要“深挖病灶”。要瞄着问题去，追着问题走，坚持具体问题具体分析，善于进行交换比较反复，善于把握工作的时度效。要盯住根本问题、关键环节，对症下药、标本兼治，做到有的放矢，一把钥匙开一把锁。

解决问题要“辩证施治”。“不谋全局者，不能谋一域；不谋万世者，不足谋一时。”系统优于个体，领导干部必须增强整体意识，善于运用系统思维解决问题、推动工作。要注意分寸、掌握火候，不断调适、优化和再平衡，防止畸重畸轻、单兵突进、顾此失彼。

十五、东一榔头西一棒子

这句话一般用来指代一些干部抓工作没有主见，分不清主次、理不清头绪、拎不清。“打一枪换一个地方”，结果往往一事无成，竹篮打水一场空。惟有思路清，方可方向明。一个干部理论上不成熟，其他方面也不可能成熟。领导干部要知大局，明大势，因势而谋，因势而动，因势而进。

纲举才能目张。要提高理论水平，切实做到理论与实际相结合。只讲理论而不联系实践或只讲实践而不联系理论，都是理论与实践相脱节的表现，都应当防止和反对。要九九归一，紧盯影响工作进展的主要问题或问题的主要方面，注重对全局性、关键性问题的动态把握，分层次、有节奏地推进，既善于解决浮在表面的问题，又注意解决深层次问题。

一般与个别相结合。领导工作千头万绪，要分得清大小，有所侧重。既做好一般的工作，更做好个别研究、个别解决，增加工作的深度和针对性、差异性。当局部利益和整体利益相冲突时，要以整体利益为重；当紧急的事和一般的事冲突时，要先做紧急的事。

谋事布局一盘棋。要多谋善断，从整体上把握事物的联系，统揽全局、统御各方，统筹衔接好各项任务，优化资源配置，确保各要素无缝对接，增强工作的系统性、整体性、协调性。

十六、捡到篮子里的都是菜

货比三家知好赖，人比三事知长短。有比较才能有鉴别，有鉴别才能有发展。有的干部在招商引资过程中来者不拒，最终污染环境、浪费资源；有的不重规划，什么项目都上，导致同质同构现象严重，特色不突出、竞争优势不凸显；有的抓到什么学什么，别人学什么就学什么，最终什么都学不好、学不精。这些问题，反映出一些领导干部抓工作、谋发展不会运用比较思维方法，不能把握事物之间的异同点，缺乏鉴别力，没有选择性。

有目标，才会有方向。规划是全面长远的发展计划，是未来行动指南，具有长远性、全局性、战略性和方向性等特点。规划的延展是计划，决定了目标和行动方案。一个优秀的领导干部必然按章法做事，紧盯目标去行动，而不是无头苍蝇四处乱撞。

有比较，才会有选择。比选的前提是拥有众多的选项。

发现并不断壮大自身的优势，增强自身的吸引力，就能牢牢掌握选择的主动权，做到“有所为有所不为”。同时，优选更需要独到的眼光，要加强学习，培育世界眼光、发展眼光，才能在众多的选项中作出更好抉择。

有标准，才会有质量。要以一流标准、赶超气魄，对标先进、争先进位，绝不忽视任何一个细节、绝不放过任何一个疑点，下得真功夫、下得苦功夫、下得严功夫，力求把工作做到精致、细致、极致，做成样板，就算“脱掉一层皮”，也要坚持到底，不断提高推进工作的质量。

十七、眉毛胡子一把抓

领导工作如果平均用力、眉毛胡子一把抓，只见树木、不见森林，往往会抓不住重点、找不到关键。得其大者可以兼其小，时时处处“拎得清”最重要。要时刻关注最重要、最根本的事，坚持两点论和重点论的统一，看问题、办事情既要全面把握，又要善于分清主次、抓住重点、明白缓急，切忌平均用力，撒“胡椒面”。

要把好“方向盘”。提高政治站位，胸怀大局、把握大势，顺应民心所向，善于从全局和长远观察、思考和处理问题，在重大决策上发挥关键作用，严防政治观倾斜、群众观偏离、权力观扭曲、政绩观走样。

要牵住“牛鼻子”。善于分清主次，既讲两点论，又讲重点论，找准切入点，既抓重要领域、重要任务、重要试点，又抓关键主体、关键环节、关键节点，防止拍脑袋决策、拍胸脯表态、拍屁股走人。

要学会“弹钢琴”。增强工作的系统性，既突出重点，又统筹谋划，防止畸轻畸重、顾此失彼。通过“点面”结合、“上下”结合，把“千条线”拧成“一股绳”，有效避免“长短腿”“缺漏项”的问题。

十八、照葫芦画瓢

这种做法是一种僵化、教条和落后的思维定式，是典型的经验主义、本本主义。当下，有的领导干部喜欢按部就班、东施效颦、照本宣科，满足于当“收发员”“传令兵”，只会照抄照搬；有的不注重吸收借鉴，不会结合实际提出具体措施；有的“歪嘴和尚念歪经”，闹出了不少画虎不成反成犬的笑话。只有坚持实事求是，不因袭、不照搬，结合实际，创造性地开展工作，才能既摹好“葫芦”，又画好“瓢”。

吃透上情，了解下情。既要“接天线”，吃透“上情”，真正把上级的精神和要求学深学透，全面准确地把握这些大政方针的根本要义，这样才能高屋建瓴地开展工作；又要接地气，把握好“下情”，实现上情与下情的融合，为做好工作打下基础，不搞上下一般粗，从而真正做好“结合”这篇大文章。

不唯书、不唯上，只唯实。要从人民的根本利益和客观实际出发贯彻执行上级的指示和决策，善于运用马克思主义的立场、观点和方法，认真研究和解决实际问题，反对机械地照搬照抄，反对盲目地照着书本上的条文去做。

因地制宜，大胆创新。改革开放之初，邓小平同志提出“不争论，大胆地试、大胆地闯”“摸着石头过河”的著名论断，开辟了中国特色社会主义道路。要敢于突破自我、大胆开拓创新，走出符合自身实际、具有自身特色的发展路子。

十九、竭泽而渔，杀鸡取卵

这种做法是只注重眼前利益、不作长远打算的表现，损害了可持续发展的基础，与新发展理念相悖。时下，有的干部热衷搞不切实际的“大手笔”，让地方负债累累；有的无限透支资源，造成资源枯竭；有的以牺牲环境为代价换取所谓的发展。领导干部必须牢固树立和自觉践行新发展理念，坚持走可持续发展之路，不断增强推动高质量发展和建设现代化经济体系的本领。

要多做打基础、利长远的事。有“功成不必在我”的精神境界和“功成必定有我”的历史担当，既注重为当前发展创造“显绩”，更注重为长远发展创造“潜绩”，多成“不败祖宗业、更为子孙谋”的好事，杜绝“一个人的政绩、几代人的包袱”的败笔。

既要尽力而为，又要量力而行。工作要全力以赴、不遗余力，勇于涉险滩、破坚冰、攻堡垒、拔城池，脚踏实地把既定的行动纲领、战略目标、工作蓝图变为现实。同时，又立足本地区实际情况，学会“瞻前顾后”，不过度透支、不过高估量、不急于求成，量体裁衣，按客观规律办事。

要把人民满意当作最大的褒奖。始终把人民放在心中的最高位置，把人民对美好生活的向往作为奋斗目标，抓住人民群众最关心最直接最现实的利益问题，多谋民生之利，多解民生之忧，创造出真正无愧于时代、无愧于人民、无愧于历史的业绩。

二十、靠山吃山，靠水吃水

这是农耕时代的发展模式。进入新时代，只会“靠山吃山，靠水吃水”，已经成为思路狭窄的代名词，是缺乏战略眼光、内生动力不足、本领不强的表现。领导干部担负着推动高质量发展的重任，必须客观分析自身优势和不足，拓宽思路、提高站位、扬长避短，充分发挥比较优势、后发优势，找准符合自身实际的发展路子。

观念一新天地宽。要加强对新发展理念的学习，打破条条框框的束缚，跳出自身看自身，防止坐井观天、一叶障目。要拓展思路、大胆尝试，学会“借船出海”“借鸡生蛋”，敢于“无中生有”、创造优势，走出一条人无我有、人有我优、人优我特的发展之路。

善于把资源优势转变为发展优势。要立足资源禀赋，发挥特色、强化优势，把资源优势变为产业优势、经济优势。要善于调动各方面积极因素为我所用，实现人尽其才、物尽其用。

既敢于“出招”，又善于“应招”。要攻坚克难，坚定不移推进改革，打通关节、疏通堵点，使改革精准对接发展所需、基层所盼、民心所向。要强化底线思维，增强忧患意识，积极主动、未雨绸缪，见微知著、防微杜渐，牢牢把握工作主动权，确保改革发展始终在安全稳定环境下推进。

附二：领导方法1000句

1. 严管与厚爱是干部管理的核心抓手和根本依托，必须相向发力、共生共长，不能“偏科”。
2. 调研是方法和手段，根本目的在于能够推动工作，既要“十月怀胎”也得“一朝分娩”。
3. 当官发财两条道，鱼和熊掌不可兼得。
4. 环境好，则人才聚、事业兴；环境不好，则人才散、事业衰。
5. 所有的怠惰，都源于复杂的想法；所有的事业，都起于细小的枝节。

6. 重人情，使规则不再冰冷；讲规则，使人情不再世故。
7. 规则是方，人情是圆，方圆组合才有精美的图形；规则是刚，人情是柔，刚柔并济，融合共生，社会才能和谐美好。
8. 人无精气神则萎，树无枝叶茂则枯，履职不在状态，早晚要栽跟头。
9. 将帅用武，儒臣以文，方能治国安邦。
10. 近朱者赤，近墨者黑；盘圆则水圆，盂方则水方。
11. 任务明确，职责清楚，上下沟通，效率自然高。
12. 千军易得，一将难求。
13. 只有做到知人善任，将好钢用在刀刃上，才能干出实实在在的成绩。
14. 通则不痛，痛则不通。
15. 做官先做人，从政德为先。
16. 有为才有位，有位更须有为。
17. 一个人如果不忠诚，位置越高，危险就越大；本事越大，危害就越深。
18. 自己不打倒自己，谁也打不倒你。
19. 不因亲属而滥公爵，不因私仇而蔽贤能，公道对待、评价和使用每一个干部。
20. 人以正气立，事行正道远。

21. 政从正来，以正资政。
22. 没有无义务的权利，也没有无权利的义务。
23. 没有远虑，必有近忧。
24. 情感泛滥就会没有德行，欲望太多就会失去规矩。
25. 没有容人的度量就会失去威信，不能忍受屈辱就不会成就事业。
26. 有度量方可成就大事。
27. 心量要大，自我要小。
28. 没有不良嗜好，自身就不会迷失。
29. 德之不修其才必曲。
30. 祸患皆由自身而产生，小人很难战胜自我。
31. 不善于观察人的品德，就算不上会识别人才。
32. 成事之要在用人，用人之基在储才。
33. 人因格局而伟大，因境界而崇高。
34. 树要防病除害，才能长成参天大树；人要勤“剪枝打杈”，才能强肌健体。
35. 律己在于树德。
36. 才是德的辅助，德是才的统帅。
37. 创业维艰，奋斗以成。
38. 宽容不是纵容，保护不是庇护。
39. 提供舞台、鼓励作为是对干部最好的关心，也是对干部最好的保护。

40. 群众的眼睛是雪亮的，历史的检验是公正的。
41. 木受绳则直，人受谏则圣。
42. 公事公办，社会受益，大家得利。
43. 该集体决策的事项，不能个人说了算；该履行的程序，不能说改就改；该坚持的制度，不能因个人好恶而存废。
44. 管理要设权限，办事要有规则，议事要有程序。
45. 治官事则不营私家，在公门则不言货利，当公法则不阿亲戚，奉公举贤则不避仇雠。
46. 想，都是问题；做，才是答案。
47. 桥的价值在于承载，人的价值在于担当。
48. 成功缘于实干，祸患始于空谈。
49. 一代人有一代人的使命，一个人有一个人的担当。
50. 时间是人类发展的空间。
51. 理国之要，在于公平正直。
52. 没有人民富强，发展就不算成功；没有人民幸福，复兴就不算完成。
53. 抓而不紧，等于不抓；抓而不实，等于白抓。
54. 艰苦奋斗，事业必成；贪图享受，自毁前程。
55. 扬汤止沸，不如釜底抽薪。
56. 心态决定认识，认识影响行动。

57. 物质欲望越膨胀，思想信仰就越少。
58. 朝无幸位，野无遗贤。
59. 常修从政之德，常思富民之策，常怀律己之心。
60. 最好的落实是一抓到底，最好的肯定是群众认可。
61. 养成总结经验的习惯，学会总结经验的本领，形成总结经验的风气。
62. 充分利用时间，合理使用空间；时间上要有个排列，空间上要有个分配。
63. 团结的面越宽越好，团结的人越多越好。
64. 稳定必须协调，协调才能稳定，稳定就是协调。
65. 清风凉自林谷出，廉洁缘从正气来。
66. 事不平则心不平，心不平则气不顺，气不顺则难和谐。
67. 改革只有进行时，开放没有完成时。
68. 没有爱就没有教育，没有兴趣就没有学习。
69. 学习成就未来，知识改变命运。
70. 悠悠万事，民生为重；政之所兴，在顺民心。
71. 家和万事兴，家齐国安宁。
72. 选准用好一个人，就等于树立一面旗帜。
73. 随心所欲不可久远。
74. 领导者的素质与信念，最终汇聚历史的自觉。
75. 有“正意念”，就有“正能量”。

76. 敢战，才能言和；要和，更需要备战。

77. 一切大的政治错误没有不是离开辩证唯物论的。

78. 事有主流支流，人有小节大节，知主流才能知大势，识大节才能识大体。

79. 谈判的实质是妥协。

80. 小心过分尊重你的人。

81. 顺境能看出一个人的心志高低，逆境能看出一个人意志的坚强与否。

82. 一身严正，鬼神亦敬。

83. 制度不能移植。

84. 引而不发最有威力。

85. 说话简明，才能语惊四座。

86. 愤怒只会遮蔽人的视线，让人产生偏见。

87. 搞清楚真相之前，且慢做决定。

88. 顺理而举，易为力；背时而动，难为功。

89. 百虑而一致，殊途而同归。

90. 以力服人者霸，以德服人者王。

91. 要从全局看“形”，应从长远看“势”。

92. 知识从实践中来，人才从实践中出。

93. 情趣越丰富，生活越美满。

94. 理想的实现靠的是实践，而不是理想自身的不断重复讲。

95. 学养可助娱乐，可添文采，可长才干。

96. 阅读使人充实，讨论使人灵敏，笔记使人精确。

97. 无私的人最快乐，施予的人最幸福。

98. 看似寻常最奇崛，成如容易却艰辛。

99. 人民就是江山，江山就是人民。

100. 内心自律失守，外在诱惑才能乘虚而入。

101. 多言数穷，不如守中。

102. 诚实是最好的政策。

103. 恃才者，败于才。

104. 身体健康是必要的，心智成长是需要的，灵性修养是重要的。

105. 要活在希望之中，只要有希望有信仰，人就不会那么焦虑。

106. 不要用浪漫的方式勾勒未来。

107. 外不圆时，内更要方。

108. 只有良法之治才能称得上法治。

109. 先察而任者昌，先任而察者亡。

110. 末大必折，尾大不掉。

111. 众恶之，必察焉；众好之，必察焉。

112. 不求无益之物，不蓄难得之货。

113. 形势决定任务，目标决定路径。

114. 物质文明是精神文明的基础，精神文明是物质文明的更高阶段。

115. 很多人只能昙花一现地成功，都是因为太沉醉于眼前的掌声。

116. 世上无难事，亦无无用的人和物；用之合适，便是大才和大材，用得不适合，才有所谓的“废材”。

117. 不忘初心，成就大我；是跑偏脱轨，还是跑到终点，取决于是否永葆一颗初心。

118. 生活的意义要靠自己的双手来赋予，生命的精彩要在成长路上写就。

119. 人创造环境，环境也创造人。

120. 让有为者有位，还须让无为者无位。

121. 责守明则谋政专，勤于正事必疏于邪门。

122. 对着困难摇头，就无权在胜利面前点头微笑。

123. 一日无为，三日难安。

124. 没有金刚钻揽不了瓷器活，没有本事的担当说穿了也是假担当。

125. 实干实绩最重要，干不成事就不是好干部。

126. 停止了耕耘，也就远离了收获。

127. 不发展是倒退，发展慢了也是倒退。

128. 千金难买早知道，万金难买后悔药。

129. 功高不泯忠贞志，位尊更坚公仆心。

130. 无事不惹事，有事不怕事。

131. 提纲而众目张，振领而群毛理。

132. 名不正则言不顺，言不顺则事不成。

133. 将军额头能跑马，宰相肚里可撑船。

134. 谦虚使人进步，骄傲使人落后。

135. 学习成常态，工作才能进状态。

136. 刀不磨会生锈，人不学会落后。

137. 一具体就深入，不具体就不可能深入。

138. 不一则不专，不专则不能。

139. 不能只重过程不重结果，也不能只看结果不看效果。

140. 闻过则喜，才能从谏如流。

141. 喊破嗓子，不如甩开膀子、干出样子。

142. 自律胜过他律，自律是最大的自由。

143. 坚持原则可能会得罪少数人，但长期坚持原则就不会得罪多数人。

144. 为人不做亏心事，半夜不怕鬼敲门。

145. 心在人民，原无论大事小事；利归天下，何必争多得少得。

146. 人正千夫敬，官清万人服。

147. 心态决定状态，态度成就高度。

148. 坚持，就有希望；努力，就会成功。

149. 不怕输才会赢。

150. 苦中要思进，乐中应思省。

151. 山再高，往上攀，总能登顶；路再长，走下去，定能到达。

152. 吃苦才能吃香，有为才能有位。

153. 实干实绩是对组织最好的汇报。

154. 历事才能练心。

155. 有定力，才能咬定目标、专心致志；有耐力，才能善始善终、善作善成；有活力，才能斗志昂扬、开拓创新。

156. 比成功更宝贵的是追求本身。

157. 没有执行力，一切都等于零。

158. 治天下者以史为鉴，治郡国者以志为鉴。

159. 温室里长不出万年松，庭院里遛不出千里马。

160. 惟有思路清，方可方向明。

161. 知大局，才能明大势；明大势，才能因势而谋、因势而动、因势而进。

162. 透过现象看本质，撇开枝节抓根本。

163. 智者适度乃万事如意，愚者失度乃诸事无成。

164. 率性而为只会害了自己。

165. 得意时要看淡，失意时要看开。

166. 善用思想“共识”，变成行动“共为”；用行动“共为”，促思想“共识”。

167. 不以事艰而不为，不以任重而畏缩。

168. 打鼓打到重心处，工作抓到要害上。

169. 射人先射马，擒贼先擒王。

170. 廉洁能聚人，律己能服人，身正能带人，无私能感人。

171. 苍蝇不叮无缝的蛋。

172. 万恶皆由贪字来。

173. 主大计者，必执简以御繁。

174. 领导岗位不是休息场所，在岗一分钟就要战斗六十秒。

175. 入山问樵，入水问渔。

176. 脚上沾满多少泥土，对群众的感情就有多深；群众在自己的心中有多重，自己在群众心中就有多重。

177. 功成不必在我，功成必定有我。

178. 心有所戒，行方有度。

179. 若要人不知，除非己莫为。

180. 权为民所赋，权为民所用。

181. 名编壮士籍，不得中顾私。

182. 把工作变成乐趣，把乐趣变成工作。

183. 经验主义是创新发展的大忌，摆脱羁绊一定要超越思维定式。

184. 未雨绸缪，比临危不惧更聪明。

185. 功能设计找专家，使用体验问傻瓜。

186. 做了后悔，永远比不做后悔强。

187. 用“品德”去主宰“命运”。

188. 最高的技巧是无技巧。

189. 记忆是智慧之母。

190. 未来不迎，过往不恋，当时不杂。

191. 人的行动是受思想驱使的，思想认识的深度决定工作的高度。

192. 悲莫悲于精散，病莫病于无常。

193. 水太清无鱼，人太精无福。

194. 内养不足，则怒而无威；内养既充，不怒而威。

195. 自奉厚而薄人，人必弃之。

196. 福在积善，祸在积恶。

197. 安在得人，危在失士。

198. 从政为善，民亦善；从政为民，民必拥护。

199. 激情不是思想，而是思想的母亲。

200. 当局者迷，旁观者清。

201. 有过不可辞谤，无过不可反谤，共过不可推谤。

202. 幸福就是没有痛苦的时刻。

203. 快乐是传染的，起码可以加倍；痛苦是隔绝的，至少可以减半。

204. 读书不能“生吞活剥”，要触类旁通。

205. 思考应去粗取精、去伪存真、由此及彼、由表及里。

206. 揭露并铲除一个谬误，胜于复述一百个真理。

207. 进化是主流，退化是逆流，异化是条藏有杀机的暗流。

208. 中庸也是一种超越，是对各种极端的超越。

209. 内心强大才是真正的强大。

210. 能出则出，不出则守。

211. 时代是每个人更改不了的籍贯和年轮。

212. 观察、探索、超越是人生要做的三件事。

213. 灵魂随身携带真、善、智、美四样东西。

214. 做人要正，做事要奇。

215. 哀莫大于心死。

216. 没有包容就没有拓展。

217. 幸福可以无限靠近，无法彻底到达。

218. 有理性，常识就不会缺席。

219. 治理人生也如烹小鲜，不能来回折腾。

220. 与其抱怨，不如改变；想要改变，必须行动。

221. 未雨绸缪方能胸有成竹。

222. 危机感是长期执政的必要思想基础，增加本领是执好政的必备条件。

223. 责任感是办大事办成事的精神动力。

224. 公共服务谨防职能“缺位、越位、错位、不到位”。

225. 为活着而活着，是行尸走肉；为真善美而活着，才有优雅和尊严。

226. 人人都需要两套相反的装置：发动机和制动装置。

227. 有品质的生活，不在于金钱的多少，而在于稳定、不惑的内心。

228. 一个内心强大的人不是去压倒一切，而是不被一切压倒。

229. 不可以借口年轻而放弃责任，也不可以借口年老而蔑视责任。

230. 生命来得不易，活着就是一首好诗。

231. 敌意会增加敌意，善意会增加善意。

232. 争辩、解释、抱怨可以不做。

233. 生活简单、待人真诚、礼尚往来是本分。

234. 一定要诗意地活着，不能悔了人生；谁知道，下次还来不来了？

235. 为众生想的，是绽放；谋一己之利想的，是耗散。

236. 学习，为了提升自己；工作，为了证明自己；睡眠，为了积攒能量；休息，为修整伤残；娱乐，为了疏通情态。

237. 成熟，就是了然秩序比混乱重要，拒绝比允诺重要，减法比加法重要，简单比繁华重要。

238. 大处着眼，登高望远；小处着手，积微成著。

239. 一个听过枪声的士兵和没有听过枪声的士兵就是不一样，实地考察过一个地方和没有考察过也是不一样的。

240. “王道”的核心是“仁政”，“霸道”的核心是强权政治；“王道”必须以实力为基础。

241. 追问历史，走向未来。

242. 卓越是远大目标和切实行动的融合。

243. 不唯外，坚持“洋为中用”；不唯“本本”，坚持“古为今用”。

244. “和合之计”，是国家长治久安之计。

245. 越美的东西被毁灭，其悲剧性就越强烈。

246. 分析在前，动手在后。

247. 一个民族不能立言，就很难有效立业；一个国家不能立言，就很难切实立国；一个政党不能立言，就很难长久立足；一个人不能立言，就很难真正立身。

248. 思想有多远，双脚才能走多远。

249. 想到的事，未必都能做到；但是，想都没有想到的事，肯定做不到。

250. 想好的事，未必都能干好；但是，想都想不好的事，肯定干不好。

251. 做人要善而正，做事要专而勤，做官要能而公。

252. 既要做善于识人选人用人的真伯乐，又要做善于育人教人带人的勤园丁。

253. 一个领导者在用人任人方面的能耐，不仅反映在他统御了多少君子，更重要的是体现在他驾驭了多少人。

254. 要恪守中庸之道，要公道正派、不偏不倚；要刚柔相济、不急不躁；要恰如其分、不高不低；要按责履职、不缺不超。

255. 抓大放小，抓人放事，抓机放权。

256. 既要有松柏的原则性，又要有柳树的灵活性。

257. 魅力源于品德修养的功力，源于博学多才的智力，源于心底无私的引力，源于平易近人的聚力，源于踏实苦干的实力，源于继承创新的推力。

258. 提供条件，营造氛围，加强指导，注重激励，指出不足，放手任用。

259. 务虚是务实的先导，务实是务虚的目的，务虚和务实难以分开。

260. 只有勤奋学习，才能成为高尚的人、成熟的人、能干的人；只有勤奋学习，知识才能不老化、思想才能不僵化、能力才能不退化。

261. 精神愈用则愈出，阳气愈提则愈盛。

262. 多赦不可以治民，溺爱不可以治家，宽纵不可以治军。

263. 凡办大事以识为主、以才为辅。

264. 教人向上向前向善永远不会错。

265. 能为恶时不为即是善，可行善时不行即是恶。

266. 以爱他之心助人总得善报，以爱己之心害人必得恶果。

267. 行动是今天中国政治的主题。

268. 以微观调研把握宏观中国，用战略思路观照现实国情。

269. 无所作为是最大的腐败。

270. 智库是在知与行之间建立起一座桥梁。

271. 历史从来就不会有终点。

272. 盲目的民族主义走向封闭，封闭会走向落后、走向衰落。

273. 开放性是中国经济的本质。

274. 法律和制度缺少细节，必将导致许多严重问题。

275. 事业发展出题目，深化改革做文章。

276. 事业发展无止境，深化改革无穷期。

277. 完成非凡之事，要有非凡之精神和行动。

278. 初心就是为人民谋幸福。

279. 调查研究是做好工作的基本功。

280. 既要向书本学又要向实践学，既要向领导和同事学又要向专家、基层和群众学，既要向传统学又要向现代学，努力成为兼收并蓄、融会贯通的通达之才。

281. 勤于学习、善于学习，始终保持虚怀若谷、如饥似渴的学习状态，努力打造又博又专、推陈出新的素养结构。

282. 慷慨就义易，从容赴义难。
283. 运用之妙，存乎一心。
284. 锻炼个性以服务群众，努力现在以开拓将来。
285. 知其事而不度其时则败。
286. 开放带来进步，封闭导致落后。
287. 心灵的卓越是通过培养仁善的胚芽而达到的，就像一粒得益于沃土和丰年的麦种。
288. 为报国为民而做官就高尚；为弄权敛财而做官就卑下。
289. 谎言与高调，是一枚硬币的正反两面；谎言之前是高调，高调之后是谎言。
290. 文章写得好的，事情不一定做得好；调子唱得高的，手段不一定高。
291. 高瞻远瞩的人，可能看不清细节；深谋远虑的人，可能看不见眼前。
292. 拓展视觉的开放度，拆除听觉的隔音墙，净化感觉的兴奋区。
293. 眼界要开阔，做到开放而不自闭；胸襟要宽阔，做到包容而不自我；思路要广阔，做到创新而不自固。
294. 圆不失规，方不失矩，本不失末，为政不失其道。
295. 土能浊河，而不能浊海；风能拔木，而不能拔山。

296. 美曰美，不一毫虚美；过曰过，不一毫讳过。

297. 管理要全面，标准要严格，环节要衔接，措施要配套，责任要分明。

298. 以德修身、以德立威、以德服人，是干部成长的重要因素。

299. 路漫漫其修远兮，吾将上下而求索。

300. 飘风不终朝，骤雨不终日。

301. 问题是创新的起点，也是创新的动力源。

302. 理论唯有常新才能常青。

303. 梦想是事业的灯塔，奋斗是圆梦的风帆。

304. 尽得大的责任，就得大快乐；尽得小的责任，就得小快乐。

305. 人生的苦乐，全基于肩上的责任。

306. 道德传家久，读书继世长。

307. 守住“底线”只能保持不出事，不能保证能干事。

308. 没有“高线”引领，“底线”最终也会失守。

309. 使命感是人内在的永恒动力。

310. 木有本而枝茂，水有源而流长。

311. 学而不行，等于没学；言行不一，不如不言。

312. 一个人能否廉洁自律，最大的诱惑是自己。

313. 清心为治本，直道是身谋。

314. 人一旦有了权力，往往会产生一种错觉，以为自己因此变得伟大起来。
315. 公者千古，私者一时。
316. 眼内有尘三界窄，心底无私天地宽。
317. 得一官不荣，失一官不辱。
318. 观操守在利害时。
319. 得其大者可以兼其小。
320. 结交淡如水，履道直如弦。
321. 营大者不计小名，图远者弗拘近利。
322. 只有在坚韧不拔地追求和实现生活目标的过程中，人的精神家园才会枝繁叶茂、硕果累累、生机盎然。
323. 人生的最大意义，莫过于幸福地生活。
324. 人与动物的区别，不仅在于有生的追求，而且在于有死的自觉。
325. 人是寻求意义而存在。
326. 先有法律才有秩序。
327. 社会存在是思想和行动的前提。
328. 书到用时方恨少，事非经过不知难。
329. 民主政治是推动中国历史发展的重要动力。
330. 掌握思想领导是掌握一切领导的第一位。
331. “家和万事兴”，过好了小日子，才能有大江山。

332. 读遍别人的书，只为读懂自己的心。

333. 阅读让人们心生欢喜，去面对世间的不完美，去沉淀沮丧的事，最后有一种力量，随时去改变它。

334. 只有经历地狱般的磨炼，才能炼出创造天堂的力量；只有流过血的手指，才能弹出世间的绝唱。

335. “觉”是一个瞬间，“悟”是一个过程。

336. 接纳自己，守住完整的灵魂，才可能去承受这个世界。

337. 每个人的内心都卧虎藏龙，那是我们的欲望，也是我们的恐惧。

338. 每个人都在困惑解决的过程，不断失衡再平衡。

339. 恩德相结者，谓之知己；腹心相照者，谓之知心；声气相求者，谓之知音。

340. 读破万卷书，只学得知识；而踏遍万水千山，才能颐养胸襟和心性，从而葆有真性情。

341. 搞活不能搞乱，治乱不能治死。

342. 党纪严于国法。

343. 把服务群众与教育群众结合起来，做好群众工作。

344. 办好党的事，关键在干部。

345. 重大问题让群众知晓，重大事项与群众协商，重大决定经协商决定。

346. 改革千难万难，问计于民就不难。

347. 群众有所呼，干部要有所应。

348. 信念坚定是好干部思想之帆，为民服务是好干部理政之旨，勤政务实是好干部行为之则，敢于担当是好干部品格之要，清正廉洁是好干部从政之本。

349. 始终坚持以问题为导向，重点解决突出矛盾和问题。

350. 胆子要大，步子要稳。

351. 不读书的人是目光短浅之徒，读书的人是目光远大的人。

352. 任何激情终结之后都会再现怯懦。

353. 阅读一本有趣的书与锻炼身体一样有益于健康。

354. 读书是为了与作者共舞。

355. 读书是为了理解世界，读书是为了理解自身。

356. 不是为了读书而读书，而是为了自己而读书。

357. 阅读是再创作。

358. 欣赏别人，并被欣赏着；成就别人，并被成就着。

359. 色彩杂而无序，便是乱；色彩杂而和谐，斑斓有致，便产生美。

360. 修身立德，修书立言。

361. 一读书，世界就变大了，人生就丰富了，生活就明澈了。

362. 读书而不迷信书，要用批判的眼光审视前人的直接经验，并在继承前人成果的基础上推陈出新。

363. 视野开阔与否，取决于对知识掌握的多少，取决于思想理论水平的高低。

364. 去追求的人才能有所得，去探索的人才能有所获。

365. 成功的道路是目标铺成的。

366. 没有知识就没有能力。

367. 读书不会使人呆傻，而是增长智慧；读书不会使人贫瘠，而是增加财富。

368. 读书不思考，等于吃饭而不消化。

369. 生存的根本保证是学习。

370. 不断学习，可以解读自己的人生密码，规划自己一生发展的蓝图；不断学习，可以积累属于自己的智能资本；不断学习，可以开发生命的源泉，实现自我蜕变；不断学习，可以打破界限，冲破限制自己的瓶颈。

371. 既要在基层墩经历更要墩心态。

372. 得法者事半功倍，不得法者事倍功半。

373. 着眼党的事业发展选人用人，放眼五湖四海选人用人。

374. 用得正人，为善者皆劝；误用恶人，不善者竞进。

375. 为官之要在耐烦。

376. 不日新者必日退。

377. 伤其十指，不如断其一指。

378. 历史是现实的镜子，但还不是现实。

379. 安危在出令，存亡在所任。

380. 总结经验，有利于更好地推进各项工作；吸取教训，也是改进工作的重要途径，而且往往是更重要的途径。

381. 从领奖台上走下来，一切从零开始。

382. 为者常成，行者常至。

383. 先站稳，再站高。

384. 抓大放小，挤出时间；提高效率，节省时间；减少应酬，腾出时间。

385. 以科学的态度对待科学，以真理的精神追求真理。

386. 树高叶茂，系于根深。

387. 吾心信其可行，则移山填海之难，终有成功之日；吾心信其不可行，则反掌折枝之易，亦无收效之期也。

388. 亦余心之所善兮，虽九死其犹未悔。

389. 基础研究是整个科学体系的源头。

390. 创新决胜未来，改革关乎国运。

391. 穷则变，变则通，通则久。

392. 创新之道，唯在得人；得人之要，必广其途以储之。

393. 世上一切事物中人是最宝贵的，一切创新成果都是人做出来的。

394. 硬实力、软实力，归根到底要靠人才实力。

395. 科技创新大潮澎湃，千帆竞发勇进者胜。

396. 察势者明，趋势者智。

397. 科技兴则民族兴，科技强则国家强。

398. 反腐败是关乎社稷稳固、国家昌盛、人民幸福的安邦工程。

399. 非猛药不能去痼疾，非重典不能除时弊。

400. 反腐败不是一场轻松愉快的游戏，而是艰巨复杂的长期斗争。

401. “官”只是一个服务性职位，是借由公众赋予的权力为公众服务，必须摒弃私利。

402. 没有宽恕就没有未来。

403. 万物皆流，无物永驻。

404. 治国理政必正风俗。

405. 观于明镜，则瑕疵不滞于躯；听于直言，则过行不累于身。

406. 执道循理，必从本始。

407. 不厚其栋，不能任重。

408. 小德川流，大德敦化。

409. 悟出来的东西，才是属于自己的。

410. 贿道一开，辗转滋厚，鞭靴不已，必及衣裘；衣裘不已，必及币帛；币帛不已，必及车舆；车舆不已，必及金璧。

411. 心系群众、埋头苦干，群众就会赞许你、拥护你、追随你；不务实事、骄奢淫逸，群众就会痛恨你、反对你、疏远你。

412. 每个生命都有自己的一轮明月，每轮明月都有自己的阴晴圆缺。

413. 法治是治国理政的基础。

414. 人贵在诚，诚贵在信。

415. 教师是立教之本、兴教之源。

416. 以法治凝聚改革共识，以法治引领改革方向，以法治规范改革程序，以法治确保和巩固改革成果。

417. 就业是民生之本，是撬动人民幸福的杠杆和支点。

418. 住宅是民生之作，是人的安身立命之所。

419. 社会不稳，一切都是空想。

420. 人心稳，百业兴。

421. 逻辑就是事物发展的规律性，就是思路；说话要有逻辑，做事要符合逻辑。

422. 立治有体，施治有序。

423. 既然选择了远方，便只顾风雨兼程。

424. 不左不右走人间正道。

425. 现代稳定是动态稳定，以疏为主。

426. 没有产业支撑的增长都是空谈。

427. 令在必信，法在必行。

428. 创新是引领发展的第一动力；崇尚创新，国家才有光明前景，社会才会有蓬勃活力。

429. 要有与即将到来的灾难共存的勇气，并永远抱有希望。

430. 机遇不是现实，机遇期不是保险期。

431. 告别旧态势、进入新常态的“先手棋”就是创新驱动。

432. 向深化改革要动力，向创新调控要助力，向改善民生要潜力。

433. 优秀是教出来的，管理的本质是教育。

434. 事无大小之分，只有做与不做的差距。

435. 一切事物，如果不能量化它，就不能真正理解它；不能真正理解它，就不能直接控制它；不能直接控制它，就不能真正改变它。

436. 不会量化就无法管理。

437. 未来竞争优势不一定来自制造，而是来自数据，来自搜集、分析和使用数据的能力。

438. 真正的智慧不仅在于明察眼前，而且还能预见未来。

439. 管理就是计划、组织、指挥、协调和控制。

440. 独行不愧影，独寝不愧衾。

441. 人无私德不能立身，官无私德则不能为政。

442. 私德连着公德，家风折射党风。

443. 私德最重要的是廉洁。

444. 做人诚为本，政德廉为先。

445. 见贤思齐，群贤毕至。

446. 私德不立，公德难守，大德难彰。

447. 导向确定之后，落实就是决定因素。

448. 导向的力量在于实践。

449. 一个有希望的民族不能没有英雄，一个有前途的国家不能没有先锋。

450. 每个前进的时代都有英雄，每个向上的民族都需要英雄精神的滋养。

451. 天地英雄气，千秋尚凛然。

452. 心是一亩田，苦乐自己种。

453. 生命的丰厚来自于耕作。

454. 被人揭下面具是一种失败，自己揭下面具是一种胜利。

455. 生活中没有固定的“金钟罩”，真正能让自己得到安全的永远是一颗真诚的心。

456. 最可靠的是真诚。

457. 富有并非拥有的多，而是奢求的少。

458. 痛苦的秘密在于，有闲工夫为自己是否幸福而烦恼。

459. 生命，在前行中顿悟，在历练中成熟。

460. 一想二干三成功，一等二看三落空。

461. 成功不是条件是信念，成功不是方法是想法。

462. 相信是成功的起点，坚持是成功的终点。

463. 要生存，就要进取；要成功，就要坚强。

464. 不能掌握生命的长度，但能拓展生命的宽度。

465. 不读昨日的失败，不做明日的幻想，把握眼前的时光，奋发人生的目标。

466. 要改变命运，先改变观念。

467. 有什么样的想法就有什么样的未来；有什么样的观念就有什么样的结果。

468. 人生可以生过错，但不可以有错过。

469. 不知道的事情不等于没发生，不了解的事情不等于不存在。

470. 事实胜于雄辩，百闻不如一见。

471. 许多人不是不愿接受新观念，而是不愿抛弃旧观念。

472. 没梦想的人永远为有梦想的人去努力。

473. 生命不在于活得长与短，而在于顿悟的早与晚。

474. 当时间的主人、命运的主宰、灵魂的舵手。

475. 不为失败找理由，只为成功找方法。

476. 行动是治愈恐惧的良药，而犹豫、拖延将不断滋养恐惧。

477. 再长的路，一步步也能走完，再短的路，不迈开双脚也无法到达。

478. 顺境时，适时归零，能让自己戒骄戒躁，不忘初心；逆境时，勇于归零，能自己看清自己，从头开始。

479. 身外障碍事小，心中障碍事大。

480. 机遇如清水，无处不可流；机遇如月光，有隙皆可存。

481. 最好的，不一定是最合适的；最合适的，才是真正最好的。

482. 事常与人违，事总在人为。

483. 河流之所以能够到达目的地，是因为它懂得怎么避开障碍。

484. 人可有傲骨，但不可有傲气。

485. 积极进取，机遇总喜欢光顾有准备的头脑。

486. 信心、毅力、勇气三者俱备，则天下没有做不成的事。

487. 机会不是等来的，是争取来的。

488. 可能和不可能，取决于人的决心。

489. 好脾气都是磨出来的，坏毛病都是惯出来的，是非都是闲出来的。

490. 若无烦事挂心头，便是人间好时节。

491. 人不可能把钱带进棺材，但钱可能把人带进棺材。

492. 屋宽不如心宽，身安不如心安。

493. 养成好习惯是储存健康，放纵不良是透支生命。

494. 金钱难买健康，健康大于金钱；金钱难买幸福，幸福必有健康。

495. 快乐总和宽厚的人相伴，财富总与诚信的人相伴，智慧总与高尚的人相伴，魅力总与幽默的人相伴，健康总与豁达的人相伴。

496. 不求是贵，少病是寿，够用是富，无欲是福，感激是喜。

497. 所求越少，得到越多；心越简单，快乐越多。

498. 天上掉不下来馅饼，有可能是陷阱；世界上没有不劳而获，有可能会是绕远背道。

499. 成人的世界里，本没有容易二字。

500. 如果不能感同身受，就不要肆意妄加评判。

501. 遇到困难时不要抱怨，既然改变不了过去，那么就努力改变未来。

502. 不要抱怨自己所处的环境，如果改变不了环境，那么就改变自己的心态。

503. 目标再远大，终离不开信念去支撑。

504. 过去不等于未来。

505. 没有失败，只有暂时停止的成功。

506. 思想决定行动，思想统一才能步调一致。

507. 成事必有其道，干事须得法。

508. 为官从政权责相系、苦乐相悖，本就是难事、苦事，难就难在责任二字重千斤，朝受命、夕饮冰，昼无为、夜难寐；苦就苦在为民服务无休止，鞠躬尽瘁、死而后已。

509. 问题是理论的起点，也是创新理论的动力源。

510. 江河万里总有源，树高千尺也有根。

511. 鞋子合不合脚，自己穿了才知道。

512. 昨天的成功并不代表着今后能够永远成功，过去的辉煌并不意味着未来可以永远辉煌。

513. 苟利于民，不必法古；苟周于事，不必循俗。

514. 千钧将一羽，轻重在平衡。

515. 来而不可失者，时也；蹈而不可失者，机也。

516. 开放带来进步，封闭必然落后。

517. 橘生淮南则为橘，生于淮北则为枳。

518. 以天下之目视，则无不见也；以天下之耳听，则无不闻也；以天下之心虑，则无不知也。

519. 为国也，观俗立法则治，察国事本则宜。

520. 权力不论大小，只要不受制约和监督，都可能被滥用。

521. 群众利益无小事，民生问题大于天。

522. 民生无小事，枝叶总关情。

523. 天地之大，黎元为先。

524. 对美好生活的向往，只有通过诚实劳动才能实现；发展中的各种难题，只有通过诚实劳动才能破解。

525. 单丝不线，孤掌难鸣。

526. 单则易折，众则难摧。

527. 和羹之美，在于合异。

528. 相互尊重是前提，公平正义是准则，合作共赢是目标。
529. 海内存知己，天涯若比邻。
530. 浩渺行无极，扬帆但信风。
531. 一花独放不是春，百花齐放春满园。
532. 一个行动胜过一打纲领。
533. 不仅要有担当的宽肩膀，还得有成事的真本领。
534. 石可破也，而不可夺坚；丹可磨也，而不可夺赤。
535. 理想信念的坚定，来自思想理论的坚定。
536. 为学之实，固在践履。
537. 政治先进则国家强大，政治落后则国家衰败。
538. 观念新，国家兴；思想强，国家强。
539. 要有法，要有良法，要有良好的法的施行，三者缺一不可。
540. 心灵的麻木，价值观的堕落，对任何社会都是危险的。
541. 唯有经过靠自己奋斗达到的伟大才最伟大。
542. 人类历史中的一切终将成为过眼烟云，唯文化不朽。
543. 用太阳的温暖去移风易俗比用暴风骤雨好。
544. 过去，战争制胜主要是比权量力；现在，除了比权量力更要斗智伐谋。
545. 权欲如同烈酒和毒药，会使人丧失理智。
546. 否定自己，忘记过去，是一种自我毁灭。

547. 表达当守正，修辞立其诚。

548. 心在一艺，其艺必工。

549. 唯至诚者，能致其极。

550. 清白做事、善始善终，既是一种人生的态度，更是一种从政的智慧。

551. 有官贫过无官日，去任荣于到任时。

552. 大脑是一部学习机器。

553. 战略就是不断学习的过程。

554. 没有目标的生活通常收获甚少；没有思想的人纵使终日寻觅，却也少有成就。

555. 战略成功需要“开天眼”，更需要“接地气”。

556. 在变化的系统里，可持续的竞争优势并不存在；只有永无止境的比赛，看谁能创造出具有暂时优势的新资源。

557. 战争的成功是胜利，和平的胜利是稳定。

558. 和平的逻辑是适度，而适度则意味着有限。

559. 用信仰目标实现“领”，用科学理念实现“导”，用“心”与“力”的融合提升领导力。

560. 信仰就是希望，目标就是方向。

561. 神居胸臆，而志气统其关键。

562. 现代化孕育着稳定，而现代化过程则滋生动乱。

563. 奇迹是信仰最宠爱的孩子。

564. 做对的事，任何时机都是好时机。

565. 行无愧怍心常坦，身处艰难气若虹。

566. 人适其事，事得其人。

567. 人尽其才，才尽其用。

568. 正义就是弃绝个人好恶，使高效的生产和公平的分配不受妨碍。

569. 贪欲之心不除，如飞蛾扑火，焚身方休。

570.“蹄疾”而“步不稳”就会人仰马翻，“步稳”而“蹄不疾”则会丧失机遇或半途而废。

571. 不知而自以为知，百祸之宗也。

572. 健康是资本，没病就赚钱。

573. 幸福没有标志，只有感受。

574. 过去的并不重要，重要的是眼下和将来。

575. 生活需要善待，善待才能拥有，拥有才可享受。

576. 生活是无字之书，让人永远读不完。

577. 顺其自然少烦恼，心地坦然才快活。

578. 好感的真谛在于喜欢，没有喜欢就没有好感。

579. 害人如害己，宽恕别人就等于宽恕自己。

580. 自满是勤奋的终结。

581. 自命不凡的人都是凡人。

582. 智慧的高低不在于年岁而在于悟性。

583. 太静的地方并非平静。

584. 只要自己不看轻自己，别人就拿你没“辙”。

585. 立志长远，始于当下。

586. 有理想，才有未来。

587. 理想越大，心胸就越宽阔；目标越宏伟，思想就越坚定。

588. 醉过方知酒浓，爱过才知情重。

589. 今日的失败，都由于过去的不努力；今日的努力，必定有将来的大收成。

590. 只要心是温润的，再遥远的路也会走得安然。

591. 理想是一个人的高度。

592. 释怀、放下，是对自己的善待，也是对周围所有人的善待。

593. 有趣味的东西能使生命美丽。

594. 不为钱所动，不为名所容。

595. 对己清正，对人公正，对内严格，对外平等。

596. 凡为官者，公罪不可无，私罪不可有。

597. 须知负责任的苦处，才能知道尽责任的乐趣。

598. 先为人，再做事。

599. 身勤则强，逸则病。

600. 国勤则治，怠则乱。

601. 政治坚定是立命之根，业务精湛是立身之本，作风优良是成事之基。

602. 只有高瞻远瞩、提纲挈领，全面把握大局，对大局了然于胸，才能把各方面的工作做得更好更顺更到位。

603. 齐则有序，齐则有力，齐则有效。

604. 论德而定次，量能而授官。

605. 只有读了、知了，然后再思了，才能悟。

606. 为政天下者，在乎富之、善之。

607. 君子任职则思利民。

608. 让一切劳动、知识、技术、管理、资本等要素的活力竞相迸发，让一切创造社会财富的源泉充分涌流。

609. 经济社会要有新发展，政府管理必须跟上；政府的管理与服务是实实在在的竞争力。

610. 权乃民授，民授必须为民。

611. 官有所畏，业有所成。

612. 确保权力正确行使，必须让权力在阳光下运行。

613. 衣食足仓廪实才有尊严的底气。

614. 人民当家作主是最大的尊严。

615. 国家之败，由官邪也；官之失德，宠赂章也。

616. 很多失败不是因为“不能”，而是源于“不敢”。

617. 不要为不可预知的事情自寻烦恼。

618. 别为自己无法控制的事情而烦恼，需要做的是决定自己对于既成事实的态度。

619. 当信用消失的时候，灵魂也就堕入了地狱。

620. 希望是生命的源泉，失去它生命就会枯萎。

621. 助人一次，胜似诵经十年。

622. 有了明确的目标，才会有行动的方向和动力。

623. 没有伞的孩子就得拼命奔跑。

624. 将“知”与“行”合而为一，便能把握自己的生命。

625. 创造力就是对自身能力的驾驭和拓展。

626. 成功只留给有准备的人。

627. 学习才是长久之计，它会带来人生中最大的奖励。

628. 自主学习是一种最深入、最有效的学习方式。

629. 在学习中，毅力往往比智力更重要。

630. 执政理念，必须团结和凝聚人民。

631. 有定力就是正念坚固，如净水无波，不随物流，不为境转，光明磊落，坦荡无私，不被假象所迷惑，不为名利而动心。

632. 国泰则民安，民富则国强。

633. 谋事、干事，方法很重要；方法对头，就能事半功倍。

634. 越是民族的，就越是世界的。

635. 民生连着民心，民心凝聚民力。

636. 凡政治清明、官员清正、政府清廉时就民风淳朴、民富国强、四海升平；凡政治昏庸、暴戾专横、官员贪腐时就民怨国衰。

637. 勤奋是通往荣誉的必经之路。

638. 知足者富，知止者久。

639. 深思是种智慧，深思是种成熟，深思益于明理。

640. 成才之外，还有成人；成功之外，还有教养。

641. 节俭是所有德行中共有的，奢侈是所有邪恶中最大的。

642. 常将有日思无日，莫待无时想有时。

643. 时间为一切事业与生命之母。

644. 精神愈用则愈出，志气愈提则愈盛。

645. 谁控制了海洋，谁就控制了世界贸易；谁控制了世界贸易，谁就掌握世界命运。

646. 边防固，则国宁、国兴；反之，则国不宁、国不兴。

647. 每逢大事有静气，不要用愿望代替趋势，用情绪代替思考。

648. 群居守口，独居守心。

649. 慎独则心泰，主敬则身强。

650. 求仁则人悦，思诚则神钦。

651. 知是行的主意，行是知的功夫；知是行之始，行是知之成。

652. 城市是对环境破坏最少的人居形态。

653. 无危险，非未来。

654. 没有什么比一个有价值的敌人更能启发心智了。

655. 底定边疆是构建国家安全经略战略屏障的过程。

656. 学术研究是社会发展的动力，是社会智慧的结晶，是文化建设的重要构成部分。

657. “居高临下”的态度是万恶的根源。

658. 高效解决问题的方法是零基础思考。

659. 良好的精神状态，是做好一切工作的重要前提；良好的社会心态，是社会和谐运转的基础。

660. 对每项工作，不要无意义地过于细致。

661. 对自己的判断没有自信，则无法坚持。

662. 人不可能变成神，但要努力成为神隔壁的人。

663. 选择就是放弃，自由就是枷锁。

664. 成功取决于想要还是一定要。

665. 伟大是事后的追溯，不是预先的设计。

666. 伟大首先在于管理自己，而不是领导别人。

667. 把大道理留给自己，把小道理留给别人。

668. 理想是保健品，不是速效救心丸。

669. 内在力量就是收敛、含蓄、敦实、向下。

670. 城镇化就是空间、产业、人口聚集。

671. 顺天应人，守正出奇。

672. 宁打一口井，不挖十个坑。

673. 建立自我，追求无我。

674. 心平才能气和，气和才能人顺，人顺才能做事。

675. 人只要活着，就会有希望。

676. 耐心是比暴躁更好的选择。

677. 成功喜欢全心全意的人。

678. 一定程度的组织化是任何社会性存在的必要前提。

679. 不是靠实际能力获得的名利是过眼烟云。

680. 文章本天成，妙手偶得之。

681. 对称中有不对称，不对称中有对称。

682. 严密的经济学推理可以非常有效地用于处理实践中的复杂问题。

683. 梦在前面，路在脚下；梦成于干，梦圆于路。

684. 只有什么事也不干的人才不会犯错误。

685. 崇德向善，明德惟馨。

686. 事要去做才能成就事业，路要走才能开辟通途。

687. 人才兴则乡村兴，人气旺则乡村旺。

688. 小洞不补，大洞吃苦。

689. 山有脊梁而巍峨，人有精神而挺立。

690. 没有人，一切皆无可能；没有好的体制，一切不可持续。

691. 生命无常，觉者自在。

692. 老实而为，就是精进。

693. 无论何时，见地最重要，正见最宝贵。

694. 学习与工作，无不需要“不教一日空过”的精神。

695. 修身无止境，终身要修行。

696. 进、退、存、亡而不失其正。

697. 相续力就是定力。

698. 正其义不谋其利，明其道不计其功。

699. 钱一半是省出来的，一半是赚来的；省钱比赚钱来得快。

700. 人不是天使，所以需要政府。

701. 学问固贵专精，又须博涉以辅之。

702. 读书，心不细则毫无所得，等于白读；而眼不快则时间不够用，不能博搜资料。

703. 不挑事，不怕事，事来了，敢平事。

704. 不崇尚英雄的民族，不会是英雄辈出的民族；没有尚武精神的民族，是没有希望的民族。

705. 输出恐怖，得到的必然是恐怖。

706. 消除贫困与社会不平，是历史的命题。

707. 独立地笑对天地生命，永不落伍；盲目地追随热闹潮流，很快凋谢。

708. 问题是学习过程最根本的关键。

709. 历史前进的步伐是跳跃式的，有发展，有震荡，有后退，有大步前进。

710. 书，是黑暗里一盏一盏的灯。

711. 真正的从容，不是躲避纷争与喧嚣，而是平静地面对困惑与烦恼。

712. 人类在失控中会拨快末日的时钟。

713. 大愁气不通，多愁则心慑。

714. 道法常在，福生无量。

715. 得组织者，得天下。

716. 水不积也不厚，则其负大舟也无力。

717. 帮钱帮物不如建个好支部。

718. 最有价值的知识是方法的知识。

719. 善思则睿智。

720. 贪功之心不可有，揽功之举不可为。

721. 何以解忧？唯有改革，改革化解忧患。

722. 没有科学的决策，就没有出色的执行。

723. 掌握时机与善用策略同样重要。

724. 生命的目的不只是成功，是成长和分享。

725. 领导力是一个循序渐进的过程，而非一种静止不前的状态。

726. 一名领导者的成长是主动学习与经验积累的结合体。

727. 不畏人知畏己知。

728. 终结人类历史的，所谓一劳永逸的“制度安排”无异于“永动机”。
729. 信仰人民是中华民族和中华文明得以生生不息的伟大道统。
730. 文学是艺术的基础，艺术则是文学的再表现。
731. 没有理想驱动的现实是盲目的，没有现实支撑的理想是虚无的。
732. 谦虚是自重，自重则人重。
733. 落后就要挨打，贫穷就要挨饿，失语就要挨骂。
734. 忘记历史意味着轻薄，篡改历史意味着背叛。
735. 法治社会和法治政府同样重要，二者不可偏废。
736. 心里有规矩，路就走得直。
737. 反腐大快人心，促民生才能大获民心。
738. 实现国家治理体系和治理能力现代化，背后其实是中国特色社会主义理论的现代化。
739. 人生不是百米赛跑，而是长长久久的马拉松，在这段旅途中，我们每个人拼的是耐力、拼的是专注、拼的是持久。
740. 重复成习惯，习惯成自然，自然成个性，个性成命运。
741. 人可以孤独，但不能孤单。
742. 永远都要抱有家国情怀。
743. 生的时候昂扬地生，死的时候坦然地死，也许这就是生命的本质所在。

744. 钱，能够让深刻的人更深刻，浅薄的人更浅薄；钱，能够让懂得幸福的人更幸福，让不懂幸福的人更不幸。

745. 与民共其乐者，人必忧其忧；与民同其安者，人必拯其危。

746. 没有英雄的力量来支撑民族的脊梁，再多的国家财富也只会把自己压得更加卑躬屈膝。

747. 权力意味着责任和面对不义之财的诱惑。

748. 欲壑难填，回头是岸；贪欲无艺，悬崖勒马。

749. 只有多闻才能博学，多闻是博学的前提。

750. 实践出真知，实践出多闻，实践出才气。

751. 辨方位而正则。

752. 危机是化了装的机会。

753. 一味走别人的路，必将堵死自己的路。

754. 无事常如有事时，提防才可弥意外之变；有事常如无事时，镇定方可消局中之危。

755. 防微杜渐一定胜过亡羊补牢。

756. 用心一者技必良。

757. 专注，从来没有天赋和运气的成分，靠的是细心积累、信念支撑。

758. 乘众人之智，则无不任也；用众人之功，则无不胜也。

759. 真正的成功，不是挤垮了多少人，打败了多少人，摆平了多少人；而是看你帮助了多少人，服务了多少人，成就了多少人，凝聚了多少人。

760. 先调研后决策。

761. 人的差异产生于业余时间；业余时间能成就一个人，也能毁灭一个人。

762. 兴趣与事业一致，就能使你的潜力最大限度地得以发挥。

763. 水深则流缓，语迟则人贵。

764. 一个完全不懂拒绝的人，也不可能赢得真正的尊重。

765. 能够发现自己的错误，是一种清醒；能够改正自己的错误，是一种能力。

766. 健康需要锻炼，心态需要修炼，命运只在自己。

767. 对过去，要放；对现在，要惜；对将来，要信。

768. 成熟是繁华后的淡定，成长是舍弃后的坚持。

769. 心宽一寸，路宽一丈。

770. 路，不通时，选择拐弯；心，不快时，选择看淡。

771. 事不能拖，话不能多，人不能作。

772. 对不知道的事，直接说“不知道”才是最轻松的。

773. 莫与小人为仇，小人自有对头。

774. 不盲目骄傲，不刻意渺小。

775. 心中装满着自己的看法与想法的人，永远听不见别人的心声。

776. 做人要自信，但不能自信得过于狂妄；做人应低调，但不能低调得失去了自尊。

777. 行动不一定带来快乐，而无行动则决不快乐。

778. 贪婪是最真实的贫穷，满足是最真实的财富。

779. 只有收获，才能检验耕耘的意义；只有贡献，方可衡量人生的价值。

780. 失败不可怕，可怕的是从来没有努力过。

781. 世界上不可能的事情，是想出来的；世界上可能的事情，是做出来的。

782. 成功在于优点的发挥，失败在于缺点的累积。

783. 不懂得宽容，不会得到别人的尊重；过分的宽容，会失去自己的自尊。

784. 气不和时少说话，有言必失；心不顺时莫做事，做事必败。

785. 眼是一把尺，量人先量己；心是一杆秤，称人先称己。

786. 滴水穿石，不是力量大，而是功夫深。

787. 每一次发奋努力的背后，必有加倍的赏赐。

788. 自信是成功的前提，勤奋是成功的催化剂。

789. 要让事情改变，先改变自己；要让事情变得更好，先让自己变得更强。

790. 在逆境中，智者知难而进，愚者消沉不前。

791. 欲望如海水，越喝越渴。

792. 成功的秘诀在于对目标的执着追求。

793. 经验是由痛苦中萃取出来的。

794. 微笑不用花一分钱，却永远价值连城。

795. 谦逊基于力量和底气，高傲基于空虚和无能。

796. 凡是拿虚伪做武器的，在还没有损害别人之前，先损害了自己。

797. 不受天磨非好汉，不遭人妒是庸才。

798. 功和利，不可趋之若鹜；名和财，不可为之所累。

799. 越是成熟的稻穗，越懂得弯腰。

800. 把简单弄复杂是找事，把复杂弄简单是本事。

801. 智者受到赞美时，句句反思；愚者受到批评时，句句反驳。

802. 如果没有健康，智慧就无法表露，力量就无法战斗，价值就无法体现，目标就无法实现。

803. 善待自己最好的方法是善待别人，善待别人最好的方法是宽容别人。

804. 考验人的才能不在于他是否拿到一副好牌，而在他能打好一副坏牌。

805. 人生的最大遗憾，莫过于轻易地放弃不该放弃的，固执地坚持了不该坚持的。

806. 人生最精彩的不是实现梦想的一瞬间，而是坚持梦想的过程。

807. 世上没有不能快乐的人，只有不肯快乐的心。

808. 一个人思虑太多，就会失去做人的乐趣。

809. 不要在小人身上浪费时间，将军有剑，不斩苍蝇。

810. 用加法爱人，用减法怨恨，用乘法感恩，用除法解忧。

811. 没有收拾残局的能力，就别放纵善变的情绪。

812. 微笑和沉默是两个有效的武器：微笑能解决很多问题，沉默能避免许多问题。

813. 担当是责任的承接和使命的归结。

814. 实践发展永无止境，认识真理永无止境，理论创新永无止境。

815. 抓创新就是抓发展，谋创新就是谋未来。

816. 为政之要，唯在得人；治国理政，关键在人。

817. 实践出真知，基层是沃土。

818. 决定就是选择，选择就是舍得。

819. 没有和平，发展就无从谈起。

820. 诛一恶则众恶惧。

821. 不能胜寸心，安能胜苍穹。

822. 刮骨疗毒，勇者所为；虽疼痛入骨，然去毒护体。

823. 是非明于学习，名节源于党性，腐败止于正气。

824. 用恪尽职守来诠释责任，用奋发有为来回应期望。

825. 恐惧是疾病的根源。

826. 凡事无绝对，一切皆有可能。

827. 开辟中国的崭新未来，唯有全面深化改革一途。

828. 国家强弱的背后是制度之争。

829. 为求知而读，读书需要学会选择；为研究而读，穷尽阅读方可创新。

830. 舆论引导，不是想引导就能引导，引导需要“资本”的，这个“资本”就是公信力。

831. 永远不要让自己的脾气超过实力，本事不大，脾气不要太大，否则会很麻烦。

832. 任何高超领导艺术背后都是对领导规律的科学遵循。

833. 当建设性的批评没有的时候，破坏性的批判就不远了。

834. 觉悟，觉则不昏，悟则不迷。

835. 忠诚没有休止符，觉悟永远在路上。

836. 真心去联系群众，真情与群众交流，真正为群众服务。

837. 很多时候改变了世界观也就改变了世界。

838. 干件事，事毕理当评功论好；干事业，尚未成功，仍需锐意进取。

839. 清醒而知忧患，自觉而能忧患，务实而解忧患。

840. 万物尽秋气，一室难为春。
841. 破旧方可立新，祛邪始能扶正。
842. 软环境要以硬行动为基础。
843. 创新是引领发展的第一动力。
844. 稳定是发展的基石，行稳是致远的前提。
845. 思想是历史实践的精华，它源自时代，又驱动时代向着既定的目标稳步前行。
846. 路是人走出来的，走的人多了也就有了路，但其艰难曲折只有行路人才知道；道是人选出来的，选择正确了才能走上康庄大道，但只有经过前赴后继才有可能发现。
847. 礼之用，和为贵。
848. 履不必同，期于适足；治不必同，期于利民。
849. 民之所盼，政之所向。
850. 人所缺乏的不是才干而是志向，不是成功的能力而是勤劳的意志。
851. 把一切平凡的事做好即不平凡，把一切简单的事做好即不简单。
852. 一份信心，一份努力，一份成功；十分信心，十分努力，十分成功。
853. 马行软地易失蹄，人贪安逸易失志。
854. 让刻苦成为习惯，用汗水浇灌未来。

855. 不为模糊不清的未来担忧，只为清清楚楚的现在努力。

856. 成功不是将来才有的，而是从决定去做的那一刻起持续积累而成。

857. 行动是成功的阶梯，行动越多登得越高。

858. 奋斗没有终点，任何时候都是一个起点。

859. 只有千锤百炼，才能成为好钢。

860. 永远不要以粗心为借口原谅自我。

861. 成功的法则极为简单，但简单并不代表容易。

862. 任何的限制，都是从自己内心开始的。

863. 人之所以能，是相信能。

864. 认识自己的无知是认识世界的最可靠的方法。

865. 积爱成福，积怨成祸。

866. 任难任之事，要有力而无气；处难处之人，要有知而无言。

867. 微笑着听人说话，谦和地对人说话。

868. 以坚定的意志处世，用柔软的心情待人。

869. 标尺越精准，越好衡量物体的长度；制度越细化，越好判定优劣的情形。

870. 容许一时之错，宽恕一念之差，往往能收到意想不到的效果。

871. 功以才成，业由才广。

872. 信任是最好的良药。

873. 真实的自我认知是避免乱动作的前提。

874. 人材者，求之则愈出，置之则愈匮。

875. 事上练，致良知。

876. 光说不练假把式，光练不说傻把式。

877. 自作孽不可活。

878. 尽责任就是主动承担、自觉自愿地去做这样的事。

879. 当进则进，当止则止。

880. 大智知止，小智惟谋；过犹不及，知止不败。

881. 低调处事才是聪明之举，过分聪明就是十分愚蠢。

882. 智慧不够却思谋大事的人终究会失败，智谋不知停止却谋求长远的人很难成功。

883. 勤学则进，辍学则退。

884. 利无尽处，命有尽时，不懈怠就可以了。

885. 谤贤者必小人。

886. 好誉者多辱。

887. 贪巧之功天不佑。

888. 人无誉堪存，誉非正当灭。

889. 唯一确定的是不确定。

890. 温和才是最强大的力量，明智的宽恕往往才是最好的办法。

891. 不会思辨之人是白痴，不愿思辨之人是瞎子，不敢思辨之人是奴才。

892. 所有的一切都是筹划好的。

893. 不忠创造不忠，暴力创造暴力。

894. 伟大首先在于灵魂的德性和卓越。

895. 慵懒的背后是恐惧。

896. 幸福与状态无关，幸福是一种能力。

897. 好奇心不死，读书不止。

898. 未来淘汰的不是工作而是技能。

899. 无常是永远。

900. 多思则神殆，多念则志散，多欲则损志，多事则形疲，多语则气亏。

901. 要想保有和平，就得为死亡做准备。

902. 读书养志，明德修身。

903. 只要心系使命、扛起责任，就没有过不去的坎；看准了的事情，就要拿出政治勇气来，敢于担当，坚定不移干。

904. 不担当就是不忠诚，就不配当干部。

905. 常识比知识更重要，良知比智慧更可贵。

906. 历史是概括的真实，文学是具体的真实。

907. 与人为善路路通，教子向善代代福。

908. 风险永远在路上，安全永远在心上。

909. 风雨兼程人生路，风雨一路皆有景。

910. 初心就是一切美好的本愿。

911. 伟大的代价就是责任。

912. 激情与渴望是通往成功道路上的灯塔。

913. 知识属于社会，智慧属于个人；知识可以接受，智慧只能启迪。

914. 成为人物，素质所然；处于何世，则是运气。

915. 要有健全的人格，就要有健全的制度；而要有健全的制度，就要有健全的文化。

916. 做人要讲道德，做事要讲效率，讲道德是为了对得起自己的良心，讲效率是为了对得起自己的生命。

917. 真实的、不可遏制的兴趣是天赋的可靠标志。

918. 冒险和苦难一样，旁观者往往会比亲历者想象得更可怕。

919. 历史是时代的坐标，哲学是人生的坐标。

920. 不赶时髦，也不避时髦。

921. 成功是优秀的副产品。

922. 导致痛苦的不是贫穷而是贪欲。

923. 快乐较多依赖于心理，较少依赖于物质。

924. 真正的成长必伴随扬弃。

925. 给予就是接受，施恩就是受惠。

926. 不值得做的事情，就不值得做好。

927. 事必有法，然后可成。

928. 法无巧拙，善用者益。

929. 思路决定出路，思维水平决定工作水平。

930. 总体把握心中有数，瞻前顾后差错便少。

931. 曲思于细者，必忘其大；锐精于近者，必略其远。

932. 成功不是成功于成功之时，而是成功于平时所做的充分准备与积累。

933. 方向不对，努力白费。

934. 常有所疑，是创新的起点。

935. 不干，再好的规划也是空中楼阁；不干，再美的蓝图也是废纸一张。

936. 职务不是享受，不是炫耀，更不是待遇，而是一份沉甸甸的责任。

937. 政绩是奋斗出来的，等不是办法，干才有希望。

938. 不管是甘于担当、敢于担当还是善于担当，最后都要靠实绩来检验。

939. 为天地立心，为生民立命，为往圣继绝学，为万世开太平。

940. 铁肩担道义。

941. 一寸丹心图报国。

942. 愿保金石志，勿令有夺移。

943. 伟大斗争赖有核心掌舵，伟大工程需要核心领导，伟大事业依靠核心领航，伟大梦想源自核心指引。

944. “大敌”当前，狭路相逢勇者胜，亮剑方显英雄本色，拼搏才能夺取胜利。

945. 增强狠抓落实的本领，不仅要有一腔热血，更要有冷静的头脑、科学的方法。

946. 选好人、用对人，是最有效、最直接的激励。

947. 把担当者用起来，敢于担当就会蔚然成风。

948. 容错是有前提和底线的，是在纪律法律框架内的容错，不能拿容错当“保护伞”，搞纪律“松绑”。

949. 善于扬弃，将想干事、敢干事、善担当、敢担当的清风正气弘扬光大；把得过且过、不思进取、畏难不前、贪图享乐的恶习坚决摒弃。

950. 大石拦路，勇者视为前进的阶梯，弱者视为前进的障碍。

951. 信仰的力量在于笃行。

952. 有眼界才有境界，有实力才有魅力，有思路才有出路，有作为才有地位。

953. 智慧靠学思践悟，知识靠勤奋积累。

954. 只有胸怀宽广、气量宏大，才能广泛吸引人才，凝聚人心，争取多数，形成坚强的凝聚力；也只有严于律己，宽以待人，容忍误会和冲撞，不计得失，才会受人尊重和信赖，产生巨大的感召力。

955. 方向大于方法，动力大于能力，做人大于做事。

956. 物有本来，事有始终；知所先后，则近道矣。

957. 方法得当事半功倍，方法失当事倍功半。

958. 凡事只要有想干愿干的意愿，就总能找到能干会干的方法。

959. “官”念太强，人性就会减弱。

960. 博学是思路宽的基础，思路宽是博学的升华。

961. 勤于思则理得，勤于行则事治。

962. 心中有敌，天下皆为敌；心中无敌，则无敌于天下。

963. 功贵其久，业贵其专。

964. 自信是成功的起步，自负是成功的止步。

965. 拿不起，就会庸庸碌碌；放不下，就会疲惫不堪。

966. 吃亏是福，贪欲是祸。

967. 处事当明察，谋事应远虑。

968. 慎学所学，学而必思，融会贯通。

969. 道是术的基础，术是道的表现，道为上、术为下，道为本、术为末，道是思想、术是方法，道术合二为一才是正道。

970. 先软后硬更主动。

971. 顺势而为，如同顺水推舟，自然省时省力，事半功倍；

逆势而动，则如逆水行舟，劳神费心，往往不进反退。

972. 真传一句话，假传万卷书；大道至简，悟在天成。

973. 广厦千间，夜眠仅需六尺；家财万贯，日食不过三餐。

974. 简单生活是幸福密码、明智选择。

975. 不好选择时，坚持原则是最好的选择。

976. 学会分工授权，分压担子，小事快速了结即可，不可画蛇添足。

977. 思维定广度，理念定宽度，智能定深度。

978. 得意勿忘形，失意勿丧志。

979. 畏难苟安则难，知难而上则易。

980. 以淡泊之心对“位”，以知足之心对“利”，以敬畏之心对“权”。

981. 不以誉喜，不以毁怒。

982. 荣辱造化，特以戏人，一毫着意，便属桎梏。

983. 宁可得罪人吃眼前亏，决不放弃原则当好人。

984. 心态平和境自高。

985. 守住了平常心，就守住了做事的快乐，守住了做人的幸福。

986. 满招损，谦受益。

987. 与其抱怨，不如改变，想要改变必须行动。

988. 绝对的权力绝对导致腐败，没有监督的权力必然作恶。

989. 越努力，越有信心，从而也就越有活力。

990. 只有将心比心，才能换取真心，才能找到解决问题、推动工作的良策。

991. 昨天的太阳晒不干今天的衣裳，昨天的风雨仍能泥泞今天的道路。

992. 成功的经验不可能完全复制，失败的教训人人可以汲取。

993. 抓工作，一具体就能深入，一深入就好落实。

994. 果断往往是取得胜利的关键，犹豫常常是事情失败的祸根。

995. 果断不是武断，更不是专断。

996. 登高才能望远，鉴往才能开来。

997. 纠缠过去，不如拼搏未来。

998. 人生没有如果，只有结果和后果。

999. 共识是共为的前提和基础，共为是共识的目的和归宿。

1000. 抛弃传统、丢掉根本，就等于割断了自己的精神命脉。

后记

干部干部，干是当头的。这是天经地义的事情。然而要真正干成事，自然须臾离不开方法。方向正确之后，方法便为王。所以说，任何一名党的干部，无论其职务高低，都需要自觉地掌握和运用科学的方法。这就要求自身对此能够努力去学深悟透，也只有悟到了才是自己的。因此，书中所谈及的这些，仅供参考而已。

本书的顺利出版，得益于党建读物出版社的大力支持，在此，表示诚挚的谢意！

晓　山

2018 年 6 月

图书在版编目(CIP)数据

当干部就得有方法 / 晓山著. — 北京 : 党建读物出版社, 2018.10

ISBN 978-7-5099-1052-8

Ⅰ. ①当… Ⅱ. ①晓… Ⅲ. ①干部工作—工作方法—学习参考资料 Ⅳ. ①D630.3

中国版本图书馆CIP数据核字（2018）第234103号

当干部就得有方法

DANG GANBU JIUDEI YOU FANGFA

晓山 著

责任编辑: 郝英明

责任校对: 钱玲娣

封面设计: 春天 · 书装工作室

出版发行: 党建读物出版社

地　　址: 北京市西城区西长安街80号南楼（邮编:100815）

网　　址: http: // www. djcb71. com

电　　话: 010–58587122 / 7166

经　　销: 新华书店

印　　刷: 北京中科印刷有限公司

2018年 10 月第 1 版　2018 年 10 月第 1 次印刷

710 毫米 × 1000 毫米　16开本　21.25印张　189千字

ISBN 978-7-5099-1052-8　定价：46. 00元
